www.ingramcontent.com/pod-product-compliance
Lightning Source LLC
Chambersburg PA
CBHW071847020426
42331CB00007B/1891
* 9 7 8 1 9 3 5 4 3 4 0 9 2 *

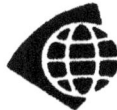

GlobalEdAdvance
Press
www.gea-books.com

AN ENGLISH EDITION IS AVAILABLE
ISBN 978-0-9796019-3-4

IAM Partners
PO Box 463045
Escondido, CA 92046-3045

iampartners@cs.com

GlobalEdAdvance
Press
www.gea-books.com

محادثة بين الاصدقاء

دليل للحوار والشهادة المتبادلة بين أ ديان التوحيد

الحوار المسيحي ــ الاسلامي

الدكتور راي رجستر

تعريب

الاستاذ يوسف ع ٠ قبطي

محتويات الكتاب

٢) الاعداد التي تتعلق "بالروح القدس"
(باراكليط)
٣) كتابكم المقدس قد شُوِّه او حُرِّف
٤) انجيل برنابا
(باراكليط)
٥) هل تؤمنون ان القرآن هو كلام الله ؟

جـ فيما يتعلق بالثالوث الاقدس

١) لماذا يؤمن المسيحيون بثلاثة آلهة؟
٢) كيف تستطيعون ان تقولوا ان يسوع هو ابن
الله ؟ فالله ليس له ابن .
٣) يسوع مجرّد نبي .

د ـ فيما يتعلق بالصليب

١) لماذا تقولون ان يسوع مات على الصليب؟
انه لم يمت ولكن شخصا آخر قد حلّ مكانه
على الصليب .

هـ ـ فيما يتعلق بالكنيسة

١) لماذا انقسمت المسيحية ؟
٢) لماذا يحب المسيحيون اليهود ؟

٥. ملخص التوجيهات للحوار مع المسلمين .
٦. ماذا يجب ان نفعل من اجل الاشخاص الذين يصممون على
تغيير ايمانهم ؟

أ : المسيحي الذى يفكر في اعتناق الاسلام
ب: المسلم الذى يصمم على الايمان بالمسيح

رسالة شخصية

للدكتور : جورج د • براسول

لقد اغرق راي رجستر نفسه في الثقافة العربية الاسلامية اكثر من عقد من الزمن فأجاد اللغة العربية وتطرّق الى رموز ومعاني الاسلام مبتدئا بذلك طريقة اتصال بين المسيحيين والمسلمين ، كان لها اثر عميق على عمله بين ابناء العرب •

يقدم هذا الكتاب مجالا اوسع لفرصة فهم الديانة الاسلامية ، وعرض صورة مرئية عن المسلمين الذين يمارسون دينهم ، ومواجهة طريقة مجدية للاتصال مع المسلمين ، وتفهّما للفقه والفلسفة الادبية والاسفار المنزلة ، والسلوك الديني للمسلمين بطريقة ممتازة• وتقوم اساليب الاتصال على النزاهة واحترام المسلمين بصورة واضحة• كما ان المبادىء المسيحية اللاهوتية والفلسفة الادبية تطبّق باستمرار للمواجهة بين المسيحيين والمسلمين•

كلما أتيحت الفرصة للتحدث مع المسلمين ، يقدم هذا الكتاب مساعدة موجزة ودقيقة ، فهو لا يعطي فقط فرصة لبدء محادثة مفيدة مع المسلم ولكنه يأخذ الانسان ايضا الى اعماق تفهم عملية الاتصال بين المسيحي والمسلم •

جورج د • براسول
استاذ علم التبشير وديانات العالم
جامعة اللاهوت المعمدانية
ويك فورست كارولينا الشمالية
الولايات المتحدة

تقديم الكتاب

اننا نواجه عصر نمو تأثير العرب والمسلمين في حقول الاقتصاد والسياسة والدين. ولقد كتبت الكتب العديدة لتعريف الشعوب التي تتكلم اللغة الانكليزية بالاسلام ، ديانة ما يقارب سبعمائة وعشرين مليونا من المسلمين. ولكن المسيحي الذى اخذ على عاتقه مشاركة المسلمين بالانجيل بطريقة نجيبة ، لا يجد الا القليل لارشاده ، ويكتشف بعد قليل انه لا هو ولا صديقه المسلم يفهم احدهما الاخر. يجد المسيحي ان معنى كلماته قد تشوّه. عندما يبدأ الجدال ، تنفصم الصداقة ويلازمه الشعور بانه قد قال وفعل شيئا مغلوطا. هذا ينطبق على كل مبشّر في بلد اسلامي كما ينطبق على المسيحي الذى يريد ان يصادق مسلما في أية بقعة من بقاع العالم في اوروبا او في اميركا.

كتاب " دليل للحوار والشهادة المتبادلة بين الاديان " هو محاولة لفهم الصعوبات التي تجمّد وتمنع الاتصال بالمسلمين والتغلب عليها. يتضمن الفصل الاول موجزا لتاريخ الاسلام ووصفا مختصرا لحياة النبي (ص) وتعاليمه ويجب اعتبار هذا حدّا ادنى لتغطية الموضوع ولذلك يلزم تكميله بدراسات اضافية. اما الفصل الثاني " الحوار كاسلوب للاتصال بالمسلمين " فسوف يبحث فيه هذا الموضوع من ناحية ابعاده الفقهية والتاريخية. كما يوضح جميع العوائق للحوار المسيحي الاسلامي. اما الفصل الثالث فيقدم بعض خطوط الارشاد العامة لمشاركة الاخرين بايمانك. انه يتحدّاك للحوار بدلا من المناجاة. المثل الاعلى للحوار المسيحي هو تجسّد الله في يسوع المسيح الناصرى. ففي المسيح بدأ الله حوارا شخصيا لمصالحة الانسان الخاطئ لنفسه.

(رسالة بولس الرسول الثانية الى اهل كورونثوس ٥ :١٧ — ١٩)

ويفترض في الحوار اننا مستعدّون لنتعلم ما يفكر به المسلم بالاضافة الى مشاركته بايماننا. فبواسطة الحوار ينمو المسيحي والمسلم معا في الفهم بدل ان يقول احدهما للاخر ما يجب ان يؤمن به. كل منهما يشهد بايمانه وفي نفس الوقت يواجه بانصاف الفروق التي تفصل بين الايمانين.

اما الاهداف العامة التي يرتكز عليها هذا الدليل للحوار والشهادة المتبادلة بين الاديان فلها وجهان :

اولا : تشجيعك للتعرف على المسلم كشخص. وهذا يعني اقامة صداقة حقيقية معه ، والاهتمام بمشاكله الشخصية . وخلال هذه العملية يتعرف المسلم عليك كشخص يشارك في هموم عامة البشرية التي هو جزء خاص منها وديانته تكون جزءا حيويا من حياته . وبذلك تتعرّف على معظم ما يؤمن به عن الله .

ثانيا : تتحدّاك لتشارك المسلم في ايمانك بالمسيح . وهذه المشكلة يجب ان تتطوّر بصورة طبيعية نتيجة لعلاقتك الشخصية بالمسلم . يتقوّى ويتجدّد ايمانك عندما تحاول ان تتحدث مع المسلم . ففهمه لله سيتأثر باسلوب حياتك وكلماتك المعبّرة عن المحبة التي لا يستطيع ان يوصي بها الا المسيح .

الفصل الرابع يعالج بعض الاسئلة والاقوال النموذجية التي يستخدمها المسلم عندما يتحدث عن ديانته مع المسيحي . تذكّر ان المسلم يتعلم هذه الاسئلة في المدرسة منذ طفولته . فهو يفترض ان الاسلام هو الايمان الصحيح وان المسيحية قد حرّفت وافسدت . انه يعرف الاجوبة الاعتيادية التي سيجيب بها المسيحي عن هذه الاسئلة وهو مستعد للدفاع والرد الذى يتطوّر الى مناظرة وجدال ومناجاة . واذا رفضت ان تجيب على اسئلته فانه سيفكر ببساطة انه على حق في ادعاءاته . واذا فهمنا الافكار والمشاعر التي تنبعث منها هذه الاسئلة ، عندها يمكننا اتخاذ هذه الاسئلة كنقطة طبيعية لبدء الحوار . و " الدليل " يقدم افكارا للاجابات التي ستحرك البحث وتتلاءم مع افكاره اما الحوار او الاتصال الحقيقي فيأتي فيما بعد .

اما طريقة استعمال " الكتاب المقدس مقابل القرآن " فانها تستعمل للانتقال من الاسئلة التي يسألها المسلم الى دراسة ما يقوله الكتاب المقدس عن هذا الموضوع . ومع أن المسلم يؤمن بأن القرآن هو كلام الله الحرفي باللغة العربية فانه من الممكن ايضا ان يكن الاحترام للكتاب المقدس خاصة اذا كان قد تعلم في مدرسة تبشيرية . هو يعتقد ان المسيحيين واليهود قد حوّروا معانيه . لذلك يلجأ " الدليل " لا الى اراء البشر او التقاليد ولكن الى ما قاله الله بواسطة الكتاب المقدس . انه سيحترم معرفتك للكتاب المقدس وخاصة ان كانت توضح النقاط التي فرقت بين المسيحيين والمسلمين مدى العصور .

الفصل الخامس يتضمن ملخصا لطرق توجيه الحوار ، وهذه ستكون اقتراحات عملية لتعدّك للمحادثة والشهادة المتبادلة بين الاديان مع المسلم .

الفصل السادس يقدم اقتراحات تتعلق بما يجب ان تفعله مع شخص يصمم تغيير ايمانه نتيجة للحوار او لاسباب اخرى . القسم الاول منه يتعلق بشخص كان مسيحيا ولكن يصمم ان يعتنق الاسلام والقسم الثاني سيقدم التوجيهات للمسلم الذى يصمم ان يتبع المسيح .

الكثير من الافكار التي اشاركم بها في هذا " الدليل " قد اكتسبتها نتيجة خبرة اثنتي عشرة سنة عشتها واستعملتها في علاقاتي مع العرب كممثل لمجلس الارساليات الخارجية للمعمدانيين الجنوبيين .

لقد صدرت كتب كثيرة تؤيد وجهة نظرى في الحوار مع المسلمين . فكتاب " اعجوبة الحوار " للكاتب رويل هلو يقدم افكارا قيّمة عن خدمة الحوار . وكتاب " يسوع في القرآن " للكاتب جفرى برندر يشرح طريقة استعمال " الكتاب المقدس مقابل القرآن " . وهناك دراسة تاريخية وفلسفية ممتازة للدكتور اكبر عبد الحق في كتابه " يسوع في العهد الجديد والقرآن " . اما نتائج " موءتمر شمال امريكا " عن تبشير المسلمين والتي نشرت حديثا " الانجيل والاسلام " خلاصة سنة ١٩٧٨ فمناسبة جدا .

لقد حصلت على مواد مساعدة من " مشاركة الايمان مع المسلمين " تورنتو- اونتاريو -كندا .

لقد كتب هذا " الدليل " وفحص ونقح كخدمة لدرجة " دكتوراه في الخدمة " من جامعة اللاهوت الجنوبية الشرقية المعمدانية في مدينة ويك فورست ولاية كارولينا الشمالية واني من اجلها اتقدم بالشكر الجزيل لاعضاء الهيئة التدريسية والاصدقاء وممثلي الارسالية المعمدانية الجنوبية الداخلية والارسالية المعمدانية الجنوبية للحقول الاجنبية الذين ساعدوا في التنقيح . وانا مدين بالشكر ايضا للدكتور رولاند ميلر من كلية لوثر في ساكاتشيوان - كندا للتصحيحات التي اجراها على النص الاخير الذى نشر .

" الدليل " مكرس لجميع " ابناء اسماعيل " ولكل الذين يجاهدون ليشاركوا الآخرين في مجد الله المعلن لهم في المسيح يسوع .

المقدمة

المسلم هو الانسان الذى خضع او سلم لارادة الله ويتبع الديانة الاسلامية ديانة النبي العربي محمد (ص) الذى عاش من سنة ٥٧٠ م ـ سنة ٦٣٢ م . اغلبية الشعب العربي مسلمون ولا يشكل المسيحيون اكثر من عشرة بالمائة. المسلم هو الشخص الذى كرّس نفسه لله حسب معرفته الروحية ، عربيا كان ام فارسيا ، باكستانيا اندونيسيا ، افريقيا او تركيا. فالاسلام ثمين بالنسبة له.انه ديانته وثقافته وطريقته في الحياة.

يقدم الاسلام نظرة مشوّهة وسلبية للديانة المسيحية تجعل المسلم الاعتيادى يقاوم الانجيل كما نفهمه نحن. والعائق الرئيسي لفهم الايمان المسيحي بالنسبة للمسلم هو انكاره موت المسيح على الصليب. فالقصد من هذا الدليل هو مساعدتك للتغلب على هذا العائق بواسطة الحوار والشهادة المتبادلة بين الاديان.

الحوار محاولة لسدّ الهوة الموجودة بين الديانة المسيحية والديانة الاسلامية عبر العصور الماضية. الحوار يتيح الفرصة للمسحيي وللمسلم ليشاركا بعضهما البعض في ايمانهما المشترك بالله على اعلى المستويات على اساس الاختبار الشخصي، لان الحوار يقود المسيحي المكرّس والمسلم المكرّس الى المشاركة في الايمان عندما تتعمق الصداقة بينهما.

الدافع الاساسي في الحوار بالنسبة للمسيحي هو تجسد الله في شخص يسوع المسيح بواسطة الروح القدس لمصالحة الانسان الخاطئ مع الله. جاء الله في المسيح ليصالح الانسان لنفسه ومع غيره من بني البشر بواسطة الصليب. والمسيحي مدعوّ ليكون رسول هذه المصالحة للاشخاص الاخرين (رسالة بولس الرسول الثانية الى اهل كورنثوس ١٧:٥ ــ ١٩) . الحوار وسيلة لتحقيق هذه المصالحة بين المسيحي والمسلم . ولقد دعيت هذه المصالحة "اعجوبة الحوار" للكاتب رويل هلو :

" اذا اراد المسيحيون ان يكونوا مشابهين للمسيح عليهم ان يجتهدوا ليصبحوا اشخاصا محاورين للاشخاص الذين يمكن ان يتحدثوا اليهم . وكثيرا ما يساء تفسير الحوار ليعني ان الشخص لا يتّخذ الحوار موقفا لما يؤمن به بينما العكس هو الصحيح ، فدور الحوار هو اتخاذ الموقف" .

الحوار مع المسلم ليس لضعفاء الايمان وانما هو للذين اخذوا على عاتقهم مشاركة ايمانهم بالمسيح رغم المخاطر التي يواجهونها نتيجة انقاصهم من قيمة ايمان آخر. فالحوار مشاركة لا مناجاة. المسلم ينتظر منك ان تخبره عن المسيح . اما

اذا لم تفعل ذلك فانه سيشك في دوافعك وخصوصا ان كنت ممثلا لكنيستك . انه يستحق وقتك وفهمك له من كل القلب .

عندما يدخل المسيحي والمسلم في حوار يتعلق بامور روحية يمكنك ان تكتشف ان المسلم قد اخذ على عاتقه مشاركة ايمانه كالمسيحي تماما . فالاسلام ايمان تبشيري متطوّر كالمسيحية ، كلاهما يشهد عن ايمانه ، والاسلام ينافس المسيحية في ربح قلوب الافريقيين ، وبامكانك ان تجد المراكز الاسلامية في اوروبا والولايات المتحدة .

ان شعور المسلمين نحو المسيحية قد نشأ وسط المنافسة الدينية والسياسية الحادّة منذ ظهور الاسلام في القرن السابع للميلاد . يكشف السجل القديم للعلاقة بين المسيحيين والمسلمين عن مناجاة ذات وجهين ، فالمسيحيون يهاجمون المسلمين لانهم يرفضون قبول المسيح كابن لله ، والمسلمون يتهمون المسيحيين بالشرك اي تعدّد الالهة بسبب ايمان المسيحيين بالثالوث الاقدس .

ان عالمنا صغير جدا ، ولا مجال لبقاء هذه المشادة . وفي الصفحات التالية دعونا نحاول الاصغاء الى المسلم ومشاركته ايماننا بطريقة يمكنه فهمها .

الفصل الاول

موجز لتاريخ الاسلام

الاسلام ديانة ما ينوف عن سبعمائة وعشرين مليونا من سكان عالمنا الحاضر. فهي الديانة الثانية بعد المسيحية التي تعتبر اكبر ديانة توحيدية في العالم. والاسلام اكثر من مجرد ديانة توحيد. الاسلام ثقافة قادت الشعب في عصورها المجيدة في الفلسفة والعلوم والطب بينما كان العالم الغربي غارقا في العصور المظلمة.

يعيش في الولايات المتحدة حاليا اكثر من مليوني مسلم كطلاب او مقيمين دائميين ، وملايين غيرهم يعيشون في اوروبا. وهذا يتيح فرصة طيبة للحوار والشهادة المتبادلة بين الاديان مع المسيحيين.

يبتدئ تاريخ الاسلام سنة ٦٢٢ م السنة التي هاجر بها النبي العربي محمد (ص) لينجو من الاضطهاد في مكة الى مدينة يثرب التي سميّت فيما بعد "المدينة" اى مدينة الرسول. ولد النبي محمد (ص) سنة ٥٧٠ م في قبيلة قريش حاكمة مكة ، في شبه الجزيرة العربية. توفي والده قبل ولادته ، اما امه فقد توفيت بعد ولادته بمدة وجيزة. ولذلك نشأ يتيما في رعاية اقربائه. كان القريشيون يسيطرون على الحياة التجارية والسياسية والدينية للقبائل العربية الوثنية التي كانت تؤم مكة سنويا للعبادة في الكعبة ، مزار الحجر الاسود الذى يُعتقد انه سقط من السماء.

لقد كان النبي محمد (ص) محبا للاستطلاع الروحي عميق الاحساس ، وهو الذى اعلن عندما بلغ الاربعين من عمره انه قد حظي بالوحي من الله. وكان قد تزوج من خديجة ، وهي ارملة غنية ، وعمل كمسؤول عن قوافلها التجارية ، فكانت اول من آمن برسالته عندما وعظ ضد الوثنية واستغلال القريشيين للاوضاع والفوضى اللاهوتية فيما بين الطوائف المسيحية واليهودية المنتشرة في شبه الجزيرة العربية. ولذلك اضطهده القريشيون وضايقوا اتباعه مما اضطره الى الهرب الى المدينة سنة ٦٢٢ م وهناك اقام حكما ثيوقراطيا دينيا وسياسيا بمساندة اتباعه المخلصين، وقد اصبح هذا الحكم نموذجا للممالك الاسلامية التي تلته.

عاد الرسول الى مكة ٦٣٠ م كفاتح ، وطهّر الكعبة المقدسة من اصنام الوثنية ، ووحّد القبائل العربية الوثنية وأخضعها لحكمه وللاله الواحد الحقيقي. وقد توفي بعد ذلك بسنتين وهو في الثانية والستين من العمر وقد خلفه ابو بكر الصديق اول المؤمنين به من الرجال ليصبح الخليفة الاول للرسول.

ما اوحي للرسول محمد (ص) دوّنه اتباعه في القرآن الكريم وفيه تكرار لما تُعلّمه الديانة اليهودية ولكن بصيغة عربية مميزة. لقد اعلن ان ابراهيم هو ابو المسلمين وان اسماعيل بن ابراهيم من الجارية هاجر هو جدّ العرب. لقد نادى باحترام جميع الانبيا مثل آدم وابراهيم ونوح وموسى ويسوع. والقرآن يعتبر محمد (ص) " خاتم الانبياء المرسلين " وان ما اوحي اليه يشمل جميع ما ورد قبله.

تطلب الديانة الاسلامية من اتباعها الاعتراف البسيط والايمان بالله الواحد وبنبيّه محمد (ص). المسلمون الاتقياء يصلّون خمس مرات يوميا وقبلتهم الكعبة ، ويصومون شهر رمضان كاملا كل سنة لانهم يؤمنون انه في هذا الشهر بدأ نزول الوحي على الرسول محمد (ص) ، ويؤتون زكاة اموالهم لمساعدة الفقراء بنسبة ٢٪ والحج الى مكة المكرمة مرة في العمر (من يستطيع الى ذلك سبيلا). وتعرف المبادئ الرئيسية باركان الاسلام الخمسة.

يعتبر المسلمون الاسلام حركة اصلاح اجتماعي ، بالاضافة الى كونه حركة اصلاح ديني. لقد حرّم الرسول محمد (ص) عادة وأد البنات التي كان يمارسها الوثنيون ، كما جعل للانثى نصيبا في الميراث ، فنصيب الانثى نصف قيمة نصيب الذكر. وسمح للرجل ان يتزوج اربع نساء بشرط ان يعدل بينهن. واذا قارنا ذلك بالعادات الوثنية السابقة نجد ان محمدا (ص) قد رفع من قيمة المرأة كما امر بمعاملة الايتام بالرفق. بعد موت زوجته خديجة تزوج عدة زوجات لاسباب سياسية او كما اعلن نتيجة لاجازة من الله. اما الاتجاه اليوم فهو عدم تعدّد الزوجات في معظم البلدان الاسلامية.

القرآن هو مجموعة الايات المنزلة على الرسول محمد (ص) بواسطة الملاك جبريل وقد كتب باللغة العربية وبلهجة قريش ، وله صفة فريدة تخلب ألباب المستمعين. ولغة القرآن هي لغة اساس اللغة العربية الفصحى. يعتبر القرآن معجزة محمد الوحيدة ، وموضوعه الرئيسي هو عدل الله وتحذير جميع الكافرين من عذاب في نار جهنم. ثلث القرآن تقريبا تكرار لقصص من الكتاب المقدس ولكن بتغيير المحتويات والاسلوب. سبب الاختلاف بين ما في القرآن وما في الكتاب المقدس يعود عادة لما جاء في التقاليد اليهودية او اناجيل الابوكريفا وخصوصا تلك الاناجيل التي اعتبرتها المجامع الكنسيّة هرطوقية.

من التقاليد الشائعة بين المسلمين والمسيحيين العرب ، ان محمدا (ص) قد تلقّى مادة ما انزل عليه من راهب هرطوقي يعرف باسم سرجيوس او بُحيرا. ولكن المسلمين الاتقياء ينكرون امكانية تلقي محمد (ص) اية معلومات من الراهب بحيرا لانهم يؤمنون ان الوحي جاء من الله رأسا بواسطة الملاك جبريل.

انقسم المسلمون الى قسمين رئيسيّين بعد موت الرسول سنة ٦٣٢م. الاغلبية

تبعوا الخلفاء الذين توصّلوا الى السلطة وأولهم ابو بكر الصديق ويعرفون بالسنيين، والاسم يشير الى سنّة الرسول محمد (ص) او ممارسته ، والتي اصبحت نموذجا لحياة المسلمين. وقد ظهرت فيما بعد اربع مدارس للشريعة الاسلامية سيطرت على حياة المسلمين السنيين الدينية والمدنية ولا زالت متّبعة في مختلف بلدان الشرق الاوسط. اما الشيعة فقد عارضوا انتخاب ابي بكر خليفة لانهم يؤمنون ان محمدا كان قد عيّن صهره عليّا خليفة من بعده. وكلمة شيعة من الفعل شايع اى أيّد.

يؤمن الشيعة ان هناك خلفاء اصحاب حق بالخلافة يسمونهم أئمّة. وينقسم الشيعة الى فرق تختلف على " من هو الامام الذى اختفى وسيعود ثانية" ، أهو الامام السابع ام الثاني عشر ؟ فهم يؤمنون ان هذا الامام الذى اختفى سيظهر في يوم من الايام ليعيد الاسلام الحقيقي حسب معتقدات الشيعة ، ويُعرف هذا الامام بالمهدي. ان معظم المسلمين في ايران شيعة.

نشر المسلمون الاسلام كحركة دينية وسياسية وعسكرية من الصين الى المحيط الاطلسي حتى سنة ٧١٥م . ويُعزى سبب سرعة التوسع العربي الى قوة الايمان الجديد عند المسلمين والى انحطاط الامبراطورية البيزنطية المسيحية التي أثقلت كاهل رعاياها بالضرائب . ولقد تبنى المسلمون الثقافات والسفسطات الفكرية للشعوب التي اخضعوها لحكمهم واحتفظت بمجالات واسعة من المعرفة في ميدان الطب والفلك والرياضيات في حين كانت اوروبا في عصورها المظلمة. ان موجة التأثير العربي في عالمنا اليوم تعود الى حد ما الى الحلم بعودة ماضي الاسلام المجيد.

لقد تأثر الاتجاه الفكرى للعربي المسلم بماضيه ، فهو ينزع للفردية بالولادة كما انه موهوب للقيادة بطبيعته مما يجعله في نزاع مع حكامه وفي نفس الوقت يتعرض لضغط اجتماعي شديد ليبقى مخلصا لعائلته وقبيلته. وأية خيانة لهذا الاخلاص يمكن ان تجلب له العار. نادرًا ما يقبل اللوم ، ويشك حتى بالعرب الاخرين. انه يقوم بواجب الضيافة بكرم ، فهو مستعد لقبول الغرباء الذين يظهرون اهتماما بثقافته الاسلامية ولغته العربية. انه قادر على الاحتفاظ بالصداقة ، ولكنه يستطيع ان يكيل الشتائم المرّة لأي عدو. ان طبيعته المتقلّبة والحسّاسة تتأثر بالعلاقات الاجتماعية بدستور قوي من الاحترام والكرامة واستخدام الوساطة لحل الخلافات. وجل اهتمامه يدور حول الانحلال في الحياة العائلية وسط ازدياد المادية والشيوعية الملحدة والشعور بالذل الناجم عن النزاع العربي الاسرائيلي. ويُنتَظَر من المسيحي الذى يصادق مسلما ان يكون حساسا لاتجاهاته الفكرية والامور التي تهمه.

الفصل الثاني

الحوار كطريقة للتقرب من المسلمين

لقد عرّف "رويل هاو" الحوار بانه خطاب وجواب هامان بين شخصين او اكثر حيث يتواجه كيان وحقيقة الاول مع كيان وحقيقة الثاني. يستخدم الحوار لغتين : لغة العلاقة ولغة الكلمات. الحوار يسعى لمعرفة الحياة عن طريق الشخص الاخر. في الحوار تهدم جميع الحواجز لانه يقوم على احترام الشخصية وهكذا يتكوّن المجتمع.

كانت العلاقات بين المسيحيين والمسلمين قد اتخذت لسوء الحظ شكلا من المناجاة الذاتية الحادة التي خلقت موقف المدافعة. والالتجاء الى المناجاة الذاتية يكشف عن حب الذات والانانية.

الدافع الى الحوار هو المحبة التي تسعى الى المصالحة بواسطة تخطي الحواجز وخلق علاقة جديدة. فالمصالحة مع المسلمين هي موضوع هذا الفصل. وهذا هو الهدف الاساسي المكرس له هذا الدليل.

الاساس اللاهوتي للحوار : التجسّد

ان العقيدة بالله والعقيدة بالانسان هما النقطتان الرئيسيّتان في الحوار المسيحي الاسلامي. يعلن العهد الجديد ان الله يرغب في المصالحة مع الانسان الذى ابتعد عنه بسبب الخطية. الانسان غير قادر على تخليص نفسه او تغيير طبيعته الداخلية المتمرّدة. تجسد الله في يسوع المسيح (يوحنا ١:١٤) آخذا صورة انسان متواضع (رسالة بولس الرسول الى أهل فيلبي ٢:٦-٨) ومات على الصليب من اجل الانسان وبموته على الصليب هدم يسوع الحاجز بين الانسان والله وبين الانسان وعدوّه محققا بذلك السلام (رسالة بولس الرسول الى اهل افسس ٢:١٤). وبعد قيامته اعطى الروح القدس لتجديد الانسان وتزويده بالقوة للقيام بخدمة المصالحة (رسالة بولس الرسول الثانية الى اهل كورنثوس ٥:١٧ - ١٩). والكاتب هاو يشير الى ان الله نفسه قد بدأ الحوار بواسطة التجسد فيقول :

" يرتكز امل المسيحي على الايمان بان المسيح يسوع قد اعلن ان الحوار مبدأ للتجديد. ومعنى التجسّد هو حوار بين انسان وانسان يشترك الله اشتراكا تاما في هذا الحوار. ان ذلك الذى بدأ بتجسد المسيح يسوع مستمر حتى الان بواسطة تجسد الروح القدس فينا ".

كان مفهوم الله كاله محبة غير انانية هو الذى جذب دهقاني تافتي المسلم

الى المسيحية فيقول :

" المسيحية حسب اعتقادى هي الديانة الوحيدة التي تُظهر الله كاله غير اناني. تظهره كاله حي وكمحبة مضحّية ولذلك اعتقد ان الشيء الفريد في المسيحية هو التجسد والصليب والصلب. تؤمن المسيحية ان الله قد تخلى عن مجده وجاء الى العالم ... ترك عرشه وذهب ليعيش مع رعيته حيث كانوا. انا لا اعرف الآن اية ديانة اخرى مرتكزة على فكرة المحبة المضحية هذه. فالله قد ضحى بحياته من اجل اعدائه ".

فمحبة الله المضحية ، محبة المصالحة المعلن عنها في التجسد ، تضع الاساس لدوافع الحوار المسيحي الاسلامي حسب رأي المبشر الى المسلمين بولسيتو :

" اما بخصوص السوءال : ما هو الهدف من الحوار المسيحي الاسلامي ؟ وما هو القصد من العلاقات المسيحية ـ الاسلامية ؟ فعندى جواب اساسي وهو ان الطاعة لمتطلبات الانجيل وايماننا ، تتطلب منا ان نكون على علاقة ايجابية مع غيرنا من الديانات الاخرى اى المسلمين. لقد أُمرنا ان نحب كما احبنا المسيح وان نكون مصالحين كما صالحنا المسيح. وبمعنى اعمق فان استعدادنا ومقدرتنا على التعامل باحترام وامانة وحب وصبر وامل مع هوءلاء الذين ابعدهم عنا تاريخهم او الظروف او سوء الفهم ، هو ثمرة ايماننا واخلاصنا ".

ان الدافع الاساسي للحوار الذى بيّنه كل من دهقاني ـ تافتي وسيتو وبكل بلاغة يتعارض لسوء الحظ مع فهم المسلم لعقيدة الله والانسان. لقد واجه القس كينيث كراج تناقض عقيدة التجسد مع الاسلام فقال :

" يدّعي الاسلام ان الكنيسة في ايمانها التاريخي قد اساءت تفسير رسالة يسوع . وبما ان الاخطاء تشمل النقاط المركزية في فهم المسيحية ليسوع وتجسده وموته على الصليب فالموضوع لا يسمح بالمصالحة. فالمسلم يرى ان الاسلام يصحّح تحريف المسيحي لمعنى المسيح والله ، بينما يراه المسيحي تقليلا لاهمية جوهر فهمه للمعنيين ".

التجسد موضوع حاسم لانه اساس الدافع واساس مضمون الحوار ايضا. ان انكار المسلم للتجسد يعني نقضا لاساس اسلوب الحياة المسيحية ولفهم المسيحي لله في المسيح.

يظهر ان انكار المسلم للتجسد يجعل الحوار عمليّة عديمة النفع ، وعلى كل

حال فان النفور الناتج عن هذا الانكار يمكن ان يتّخذ نقطة انطلاق للحوار. والعبء يقع على المسيحي ليبدأ الحوار مع المسلمين حتى في هذا الموضوع الجدلي. واذا فشل المسيحي في بحث موضوع التجسد فان المسلم كما تدل التجارب سيتحدّاه ليفعل ذلك. وهذا اختبار يهودي آمن بالمسيح وبدأ خدمته التبشيرية في ايران:

" لا يمكننا في علاقتنا الاسلامية المسيحية ان نتجاهل النواحي الجدلية في مواضيع بنوّة المسيح وربوبيّته وصلبه. يجب علينا في هذه المواضيع ان نبذل اقصى الجهد وعلينا ان نعيد التفكير ونعيد صياغة العبارات التقليدية التي نعتز بها كثيرا. مسألة بنوّة المسيح لله وكونه ربا ، لا من حيث المنزلة ولا بالتبني كما يظن البعض ، اذ هي علاقة نسبية ونوعيّة ، يجب روءيتها في علاقتها بخدمة المسيح وطاعته."

واجب الحوار ليس تجنب المواضيع الاساسية وانما مواجهتها كما واجه الله في المسيح حالتنا الخاطئة وكسب النصر بمحبته المضحّية. فواجب هذا الكتاب سيكون اعادة التفكير واعادة صياغة التعابير التقليدية التي نعتز بها كثيرا ليكون للمسلم نصيب في معانيها.

الحوار والشهادة المتبادلة بين الاديان

الحوار الذى يتواجه فيه كيان وحقيقة كل شخص مع كيان وحقيقة الاخر ينبع بالطبع من الشهادة المتبادلة بين الاديان. ففي سياق الحديث عن المسيحية والاسلام لا يمكن للفرد ان يتحاشى الشهادة بايمانه ان كان مخلصا لايمانه. المسيحية والاسلام كلاهما مذهب تبشيري كل منهما يحاول ان يأتي بالعالم اجمع الى الله ، والتقصير في البحث في المواضيع اللاهوتية هو تقصير في كونه امينا للامور ذات الاهمية القصوى لكل من يشترك في الحوار.

ان مفهوم الشخص للحوار يقرر رد فعله لاستعمال كلمة " شهادة " في القرينة الجدلية. هناك مفهوم محدود يزعم ان الشهادة خارجة عن نطاق الحوار. هذا المفهوم ينظر الى الحوار كتبادل غير عاطفي للاراء بهدف التوصّل الى شكل ما من الاتفاق. فالترغيب بهدف تحويل فريق عن ايمانه يعتبر خيانة في الحوار. ان خلف فكرة الحوار معارضة اساسية لطريقة المناجاة التي تتميّز بشهادة " ربح النفوس " و " خطة الخلاص ". فبموجب هذه الفكرة لا يجب استخدام الحوار كمصيدة للافراد غير المرتابين.

ان اخلاص المعارضة المذكورة اعلاه لاستعمال الشهادة في الحوار مسلّم به ان كان الشخص يساهم بفكرة محدودة في الحوار ، ولكن هذه الفكرة تعتبر سذاجة في العلاقة المسيحية الاسلامية. فلا يمكن ان نتوقع مثل هذه المواجهة غير العاطفية بين المسلم والمسيحي ان كان كلاهما مخلصين لايمانهما. الحوار المرتكز على اعلان ايمانهما يقود بالطبع الى الشهادة المتبادلة بين الاديان والتي يمكن ان تنتج استمالة احدهما او كليهما الى تغيير فكرته. كلاهما يجب ان يتخذ موقفا كما يرى هلو :

" ان الدور الجدلي كثيرا ما يساء تفسيره ليعني ان لا يتخذ الانسان موقفا ، وخاصة ضد ما يظهر انه رأي الاكثرية من الناس ولكن الامر على العكس تماما فالدور الجدلي يعني اتخاذ موقف ".

الحوار في معناه الشامل ينتج تغييرا وتجديدا ، لان كلا الفريقين كان امينا مع نفسه. فعندما اتخذا موقفا وضعا الاساس الامين الذى يمكن بناء المصالحة عليه ان كانت الحقيقة كما يراها كل منهما قد قيلت بروح المحبة.

فكرة محدودة أُخرى ترى الحوار كمحاولة للتوفيق بين الديانتين. بعض الانجيليون يعترضون على استعمال كلمة "حوار" لانهم يخافون ان يؤدّي الحوار الى تعريض مميزات المسيحية الفذّة للخطر.

يؤكد دهقاني ـ تافتي ان الحوار لا يعني التوفيق فيقول :ـ

" انا اعتقد انه ليس التوفيق ، كما انه ليس الدمج ، وأنا لا اقترح توحيد جميع الاديان . الحوار اتصال بروح الصليب مع الانسان الاخر . ان روح الصليب فذة . ان روح التجسد فذة . ولكن يجب ان يكون الانسان على اتصال مع الاخر ليفسّر له ذلك بطريقة تمكّنه من الفهم " .

الحوار بالنسبة للمسيحي يجب الا يعرّض ايمانه للخطر ، ولكنه يجب ان يكون محاولة لفهم الشخص الاخر كمخلوق بشري بروح التجسد . انه يتيح لكل فرد ان يحافظ على شخصيته وفي نفس الوقت يتيح له الفرصة ليشارك في ايمانه . فالشهادة المتبادلة بين الاديان جزء مكمل للحوار المسيحي الاسلامي .

ان مفهوم الشهادة بين الاديان كجزء مكمّل كان قد طوّر من قبل دائرة الشهادة المتبادلة بين الاديان في مجلس الارساليات الداخلية للمعمدانيين الجنوبيين . فالحوار في هذا المعنى يخدم الاهداف التالية :

١) مساعدة المعمدانيين الجنوبيين ليعرفوا ما تؤمن به الجماعات الاخرى وليفهموا ويقدّروا معتقداتهم في ديانتهم الخاصة وثقافتهم .

٢) السعي لتأسيس اتصال ووفاق معهم على اساس صداقة مخلصة وأمينة .

٣) ان يتعلّموا كيف يشهدون لهم .

وفي هذا المفهوم للحوار يصبح الاصغاء اكثر أهمية من الحديث عندما يعرّف كل فريق الفريق الاخر بايمانه .

تكون الشهادة المتبادلة بين الاديان في الحوار بطريقة الحياة كما تكون بالكلمات . انها تعني التعرف على المسلم في الحياة اليومية . الحوار يتضمن الشهادة في حياة مشتركة حسب رأي مونتغمري واط :

" ان شهادة الحياة المشتركة هي مظهر من مظاهر التبشير الاولى . هناك مجال للشهادة بواسطة الكلمات على شكل اثبات الحقائق الايجابية . والشخص الذى يحيا في ثقافة اجنبية يكون قد عوّد نفسه على اشكال الفكر لتلك الثقافة الدينية ، ولذلك فهو اقدر على الاعراب عن حقائق ديانته الخاصة بشكل يكون مقبولا لدى الاخرين . "

تصبح العلاقة بين الحوار والشهادة المتبادلة بين الاديان مفهومة عندما ننظر الى الحوار كحياة مشاركة. والحوار في هذا الدليل يشمل الشهادة بين الاديان ويتضمن الاشتراك في ظروف حياة المسلم العلمانية ، وبحث الامور الدينية ايضا.

الخلفية التاريخية للحوار المسيحي الاسلامي

يمكن تقسيم تاريخ العلاقات بين المسيحية والاسلام الى ثلاث فترات من اجل هذه الدراسة. في الفترتين الاوليين ، كانت العلاقة مجابهة اكثر من كونها حوارا.

بدأت الفترة الاولى بانتشار الدين الاسلامي في القرن السابع للميلاد ، واستمرت حتى بدء الحملات الصليبية (٦٣٢ – ١٠٩٥). سيطر المسلمون على جميع البلدان المسيحية من منطقة الشرق الاوسط الى اسبانيا. وكانت المجابهة بين الديانتين متوترة بالتفوق الفكري للمسيحية والسلطة العسكرية والسياسية للعرب المسلمين. وقد دافع اللاهوتيون المسيحيون عن رعاياهم من اعتناق الاسلام بواسطة المجادلات الفلسفية ، وهاجموا الديانة الاسلامية واعتبروها هرطقة مسيحية. ومن القادة البارزين في الدفاع عن المسيحية ضد الاسلام يوحنا الدمشقي (٦٧٥ – ٧٤٩م) والبابا ليو الثالث المتوفي سنة ٨١٦ م والبطريرك تيموثاوس (٧٨٠ – ٨٢٣م). وكانت طبيعة المواجهة جدلية ، ونادرا ما كانت المواجهة وجها لوجه ، فقد تم اغلب الجدال بواسطة مراسلات عدائية بين قادة الديانة المسيحية وقادة المسلمين. وقد لجأ المسيحيون الى مهاجمة الديانة الاسلامية ومحمد (ص) ، كوسيلة للدفاع عن ديانتهم من اتهامات القادة المسلمين. فكانت نتيجة هذه المواجهة تصلب موقف المسلمين تجاه الانجيل.

ابتدأت الفترة الثانية بالحملات الصليبية وانتهت في بداية القرن العشرين (١٠٩٥ – ١٩٠٦)فقد قامت المسيحية بمواجهة هجومية عسكرية وروحية لاستعادة الارض المقدسة من أيدي المسلمين. كانت الهجمة الروحية بمبادرة المنظمات الرهبانية في اوروبا لربح المسلمين الى الديانة المسيحية عن طريق تفنيد القرآن. ولقد قام بطرس الوقور المتوفى سنة ١١٦٥ م بترجمة القرآن الى اللغة اللاتينية في السنوات ١١٤١ – ١١٤٣ م. كما درس القديس فرنسيس الاسيزى الديانة الاسلامية واقتحم معسكر سلطان مصر للتبشير بالانجيل للمسلمين سنة ١٢١٩م. وريموند لول ، العالم وصاحب الاراء المثالية ، الذى استشهد وهو يبشر المسلمين سنة ١٣١٦م. اما الاهتمام بفهم الديانة الاسلامية عن طريق دراسة القرآن فقد بعث بواسطة نقولا من قوسا في السنوات ١٤٦١ – ١٤٦٢م. فهذا الاهتمام العلمي، بالاضافة الى الرغبة في الشهادة للمسلمين بهدف ربحهم للديانة المسيحية كانت نقطة انطلاق جبابرة القرن

التاسع عشر للتبشير بين المسلمين ، امثال هنرى مارتن ، وكرنيليوس فان ديك ، وكارل بفاندر ، وغيرهم. بعض الذين اهتدوا كان اهتداؤهم بواسطة مثال الحياة الصالحة والمجادلة ، ولكن النتائج كانت على الاغلب قليلة وغير مرضية. فقد مال المسلمون الى التصلب في مقاومتهم في وجه هذه الحطة الروحية.

بدأت تظهر طريقة جديدة للتقرب من المسلمين ، بتأثير الحركة العقلية المستنيرة. وبدأ علماء جذريّون من امثال ريلاندوس بالدعوة للقيام بتقويم اكثر موضوعية للديانة الاسلامية بالرجوع الى المصادر الاصلية لا الى التحامل. فالموقف الدفاعي تجاه الاسلام قد تغيّربتأثير لويس ماسنيو (١٨٨٣ – ١٩٦٢ م) الذى اصبح مؤمنا مسيحيا عن طريق دراسة حياة الشهيد والصوفي المسلم "الحلاج". وتحقق المبشرون المسيحيون من عدم فائدة مهاجمة الجبهة الاسلامية. وهكذا ظهرت طريقة جديدة للحوار هي اكثر انفتاحا وصدقا. وقد قيّم هذا التغيير وليم ستانت فقال:

للاسباب المذكورة أعلاه مرّت فترة طويلة من الزمن كان اعلان الانجيل فيها للمسلمين يجرى بواسطة المجادلة. كان المبشّر يشعر ان عليه ان يقنع المسلم بواسطة البرهان المنطقي لقبول المسيحية. صار يطلق على هذه الطريقة اسم " المشادة الاسلامية العظمى ". ومن اعظم المتمسكين بهذه الطريقة ريموند لول وهنرى مارتن وكتبوا وهم واثقون من صلاحية طريقة زالت من الوجود عمليا منذ بداية القرن العشرين. لقد بحثت الطريقة الجدلية ، في مؤتمر القاهرة سنة ١٩٠٦م. وقد تمّ الاتفاق على تجنب الطريقة الجدلية ان امكن ذلك. ولكن ان لم يكن بالامكان تجنّبها فيجب اتباعها دائما بروح الصبر والانصاف والمحبة.

كان القس تمبل جبردنر (١٨٧٣ – ١٩٢٨) من الكنيسة الانكليكانية اول من استعمل هذه الطريقة الحوارية الاكثر انفتاحا في اتصاله مع المسلمين. وقد اصبحت هذه الطريقة محبّبة بفضل كتابات كينيث كراج الذى نادى باحياء التفاهم والخدمة والصبر في كتابه " نداء المئذنة ".

هذا الموقف الجديد من الصراحة مع الديانات غير المسيحية ، الذى اعلنته الكنيسة الرومانية الكاثوليكية عن مجمع الفاتيكان المسكوني الثاني سنة ١٩٦٥ م ، كان له تأثير ايجابي على الحوار المسيحي الاسلامي. وفي السنوات الاخيرة اعلن عن عدة حوارات بين قادة المسيحيين وقادة المسلمين. فقد عقدت حوارات مسيحية اسلامية في غانا واسبانيا وتونس وكوردوفا وهونغ كونغ وطرابلس وثمانية حوارات منفصلة جرت باشراف مجمع الكنائس العالمي في السنوات ١٩٦٦ – ١٩٧٦ م. ولقد بحثت هذه الحوارات الاسس المشتركة التي تقوم عليها هاتان الديانتان وامكانية التعاون المشترك في الحقول الاجتماعية والاقتصادية والاخلاقية التي تهم الطرفين.

عوائق الحوار مع المسلمين

ربما يتساءل البعض عن قيمة الحوار الرسمي بين قادة الاديان والعلماء بالنسبة لرجل الشارع. هل تتجنّب هذه الحوارات المشاكل الحقيقية التي تفصل بين الديانة المسيحية والديانة الاسلامية ؟

يشعر المسيحي ، الذى يلتقي بمسلم في الحياة اليومية بالحواجز التي تعيق الحوار الذى يجب ان يواجه على مستوى دنيوى. يعدّد " هاو " الحواجز العامة للاتصال : اللغة ، الافكار ، القلق ، الدفاع ، الغايات المضادّة. وسوف نلخّص هذه الحواجز التي تعيق الحوار المسيحي الاسلامي في اربعة هي : اللغة ، الثقافة ، المعتقدات المتضاربة والحوار الذاتي.

اللغة

يجد المسيحي ان العائق الاول للحوار مع المسلم ، هو اللغة او الاصطلاحات اللغوية الفنية. فعندما يستعمل المسيحي والمسلم كلمة "خطيئة" او "خلاص" فهاتان الكلمتان لا تعنيان لهما الشيء ذاته. فشارل باكيت المبشر السابق في بنغلادش ، اكتشف اثناء دراسته موضوع الخطيئة والخلاص في الاسلام ، ان الاسلام ينكر الخطيئة الاصلية. فآدم كان قد خدع من الشيطان ، وسامحه الله حالا. الخطيئة لا تضر الله بل الخاطىء. انها عادة تعدّ لامور محرّمة رسميا عن قصد او عن غير قصد. يمحو الله الخطيئة بواسطة بعض الاعمال او اطاعة القوانين الرسمية. الخوف من دينونة الله وهول جهنم هما مصدر المانع الاخلاقي في الاسلام. يتعارض رأي المسلم في الخطيئة والخلاص كليا مع عقيدة الكفارة عند المسيحيين. فالانسان قادر في الاسلام على تخليص نفسه اذا رغب ذلك ، ولذلك فهو لا يحتاج الى مخلّص. والدين الاسلامي ينكر الصليب لانه غير ضرورى وغير عادل. الاختلاف ليس في معنى الكلمات فقط وانما في القصد من الحديث نفسه بالنسبة للمسلم العربي. العربي يعبد الكلمة المنطوق بها أكثر من العمل ، كما يصفه مورو بيرجر فيقول :

" ان تحرر العربي غير الكامل ، من الفئات التي تسيطر عليه ، يزيد النقص في الطمأنينة الشخصية الناتجة عن تربيته العرضية في طفولته ، وعدم الاستقرار العائلي ، والقوانين التعسفية والفقر. فعدم طمأنينته تظهر في الكثير من نشاطه الشفهي ، وفي العلاقة بين حسن الضيافة والكراهية والشك وفي نوع معيّن من التطرّف ".

" من الصعب تجاهل سيطرة الفكر العربي على نشاطه الشفهي. وما يجذب انتباه المراقب ، احترام العربي للغة والفنون الشفهية ، بالاضافة الى موقفه من الطعام. ان غنى اللغة العربية كان له اثر سحرى على كل الناطقين بها".

ولذلك يجد المسيحي نفسه فاشلا في الحوار مع المسلم الا اذا كان يعرف المعنى الذى يربطه المسلم بالمفردات المستعملة. وسيجد صعوبة كبرى ايضا في فهم ما يعتبره العقل الغربي نقصا كاملا في المنطق للنموذج الفكرى لدى المسلم.

الثقافة

لغة المسلم انعكاس لثقافته. والمسلم المثالي يعيش في بلاد تخضع فيها الديانة ، والسياسة ، والعلاقات الاجتماعية للقانون الاسلامي. وتتحكّم العائلة الموسّعة الخاضعة للنظام الابوى في قراراته الشخصية. ويصطدم بالفردية ، وعدم التدقيق الاخلاقي في الثقافة الغربية ، ويرى هذه الامور كنتيجة لضعف اساسي في الايمان المسيحي. فالمسيحية حسب رأيه ديانة الغرب ، فهي ديانة اليونان او روما او اميركا ، ويعتبرها دون الاسلام الذى له جذوره في الشرق الاوسط. يفتخر المسلم كثيرا بميراثه الثقافي، وهو غير مستعد دائما لما يريد ان يقوله المسيحي عن ايمانه.

المعتقدات المتناقضة

المعتقدات المتناقضة هي العائق الاكبر للحوار بين المسيحية والاسلام. فكل منهما تعتبر نفسها الديانة الاخيرة التي اعلنها الله. الاسلام يناقض الحقائق الاساسية في المسيحية ، كموت المسيح على الصليب وقيامته. وبسبب هذا الانكار البات للموت على الصليب ينكر الاسلام عمل الكفارة ويتمسكون بوجهة نظر مختلفة بشأن العقيدة عن الله والانسان. كما ينكر الاسلام التجسد والاقانيم الثلاثة.

فالقوّة المحركة للفضيلة الاسلامية هي الخوف من عدل الله القاسي مقابل الرأي المسيحي القائل بمحبة الله الكاملة.

من الممكن ان يكون انكار الاسلام لموت المسيح على الصليب قائما على اساس معتقدات الفرق المسيحية الهرطوقية. فتطوّر عبادة مريم في الكنائس المسيحية التي

كانت على زمن محمد (ص) وردّ فعله السلبي على ذلك اثرًا في انكار الاسلام لعقيدة الاقانيم الثلاثة والتجسّد. والمسيحيون الذين لا يتفهمون هذا الانكار يجدون ان جهودهم للحوار والشهادة المتبادلة بين الاديان بلا جدوى. كما ان المسلم بدوره يشعر بالخيبة عند استعمال هذه الافكار التي تضايقه. يشير شارل مالك الى هذا الانزعاج المتبادل فيقول :

" ينزعج المسيحي الى اقصى حد ، بالرغم من بساطة اقتناعه ، حين يقول المسلم ان الثالوث الاقدس شرك وان الصليب مجرد خيال وان القصص المدونة في القرآن عن المسيح وأمّه هي القصص الموثوق بها لا التي وردت في الاناجيل الاربعة. كما ان المسلم لا بدّ سينزعج الى اقصى حد ، بالرغم من جمال وبساطة اقتناع الناقد المسيحي للاسلام ، حين يقول هذا الناقد ان الاسلام لا يلغي المسيحية ، وان الله قد صار انسانا في الناصري ، ومع ذلك بقي هو الله. وان يسوع هذا نفسه قد مات وقام من بين الأموات في اليوم الثالث. وان الكنيسة كجسم تاريخي مميّز ، تصرّح بحقوقها المطلقة التي تتضمن الانتقادات الاساسية للاسلام."

المناجاة ـ (الحوار الذاتي)

ان عدم فهم عوائق اللغة والثقافة والمعتقدات المتناقضة يقود بلا شك الى المناجاة. المسيحي والمسلم ، كلاهما غير مستعد ان يصغي لما يقوله ويشعر به الاخر. وكل منهما يحاول ان يغيّر موقف الاخر ، عن طريق الاقناع والهجوم على ديانته ، وعندها تتحرك القوى السلبية في هذه المناقشة العظمى. والطريقة الوحيدة للخروج من هذه الورطة هي ان يصبح المسيحي اكثر تفهما لايمان المسلم ايضا. ولقد وضعت المرحومة ، فرجينيا كوب ، المبشّرة للمسلمين ، الموقف الذي يجب ان نقفه كمسيحيين تجاه المسلمين فقالت :

" نحن لا نحارب الاسلام

" نحن لا نتجادل مع المسلمين لنثبت لهم ان آراءنا صحيحة وان آراءهم غير صحيحة.

" نحن لا نحاول تغيير ديانة أحد.

" نحن بحاجة الى ايمان أقوى بحقيقة المسيح الحي. رسالتنا هي شخص اختبرناه ، لا عقيدة ، ولا نظام ، ولا ديانة ، ولا كنيسة ولا اخلاقيات. ايماننا به هو اننا عندما نقود شخصا اليه ، فهو الذي سيغيّره ويقوده في جميع الامور بواسطة الاتصال المباشر مع ذلك الشخص".

لقد عرفت فرجينيا كوب ، واختبرت الحقيقة بأن الشهادة الوحيدة المقنعة

للمسلم هي الحياة بينهم بروح التجسد • فالحوار الذى يرتكز على التجسد هو حياة المشاركة •

دليل للحوار مع المسلم

كُتِبَ دليل الحوار مع المسلم ، وجُرِّب ونُقّح ليكون وسيلة لمساعدة المسيحيين للتغلب على عوائق الحوار مع المسلمين • فالنسخة الاصلية قدمت للجنة الدكتوراة في الخامس عشر من شهر تشرين الاول سنة ١٩٧٥ ، كما اعطيت نسخ اضافية لجماعة مختارة من المبشرين والعاملين في الخدمة مع المسلمين ، وقد أدخلت ملاحظاتهم في طبعة منقحة للدليل •

يقسم هذا الدليل الى قسمين : —

القسم الاول يعطي ارشادات عامة للحوار مع المسلمين • اما القسم الثاني فيشتمل على اسئلة نموذجية تُسأل ، او بيانات يصرّح بها المسلمون اثناء محادثاتهم مع المسيحيين ، كما يتضمن معلومات اساسية عن التقاليد الاسلامية والقرآن ، واقتراحات تتعلق بطريقة استعمال القرآن والكتاب المقدس عند الرد على اعتراضات المسلم على موت المسيح على الصليب والاقانيم الثلاثة ، بحيث تتجنب المجادلة ، وتكون الاهداف هي تشجيع المسلم لدراسة الكتاب المقدس دراسة شخصية ، وتقوية المسيحي ليشارك المسلم في شهادته بطريقة مفهومة •

أسلوب الدليل شخصي • وقد كُتب لمساعدة العامل المسيحي العادي الذى يلتقي بالمسلم اثناء حياته اليومية ، وقد خطط ليكون اداة لتشجيع الشهادة المتبادلة بين الاديان ، والحوار بواسطة الصداقة الشخصيةمع المسلم • ومع ان تجوبة الكاتب كانت مع المسلمين العرب الفلسطينيين الا انه يأمل ان تكون طريقة هذا الدليل فعالة مع المسلمين عامة •

الفصل الثالث

توجيهات عامة حول الحوار مع المسلمين

من السهل التعرف على المسلم بصورة عامة. فبحكم تربيته هو وديٌّ ، واجتماعي مع الغرباء بصورة خاصة ، وان كان متغربا في بلاد اخرى تجده منعزلا ومحتاجا للصداقة ، وليس من الصعب الدخول في حوار معه. اذا وضع ثقته بك تجده شخصا معبّرا للغاية ، من السهل التحدث اليه ومجادلته. وستكتشف ان ميزة الشرق الاوسطي والعربي بصورة خاصة هي القوة التي يجادل بها. فقوة الجدل هي التي تقرر صحة آرائه لا المنطق. لذلك فان التسامح والصبر هما الفضيلتان الاساسيتان للدخول في حوار مع المسلم.

ان انطباعك الاول من الحوار مع مسلم ، خاصة ان كان عربيا فلسطينيا،هو ربما الشعور بأنه يهاجمك بالكلام. ومن الممكن ان يشرع في دفاع سياسي يتعلق بمشكلة اللاجئين الفلسطينيين وشن هجوم على سياسة الدول الغربية غير العادلة تجاه العرب. وان انت اصغيت اليه بصبر فمن المحتمل ان يعتذر لك عن ثورته ، وبعد ذلك تنفتح الطريق لمباحثة شخصية تتعلق بالامور الروحية ، والسر في ذلك ان لا تتجوف للدفاع عن سياسة الدول الغربية حتى ولو شعرت انك يجب ان تفعل ذلك. هذا الموقف صعب في بعض الاحيان ، لان المسلم لا يرى انفصالا بين الدين والسياسة. انه يفترض ان على الشعب المسيحي ان يتصرّف بصورة تختلف عن الشعوب الاخرى ، واذا اعطيته المجال لينفّس عما في قلبه من الم ، فمن الممكن ان تكتسب صداقته وتصبح قادرا على مشاركته في الحقائق الروحية. عندها تكون قد انجزت المرحلة الاولى في الحوار ، الا وهي تأسيس الاتصال الشخصي مع المسلم.

يختلف كل مسلم عن المسلم الاخر بالنسبة لدرجة التزامه وارتباطه بالديانة الاسلامية. فمن الممكن ان يكون تقيا ، يصلي خمس مرات يوميا ، ويمتنع عن المسكر ولحم الخنزير ، يصوم شهر رمضان ، ويستظهر اقساما من القرآن ، او ربما يكون على النقيض من ذلك تماما ، يعتقد بعدم كفاءة العقل لفهم الوحي الالهي ، ماديا يشعر انه لا مكان للديانة في الحياة العصرية. فطريقة الحوار في الامور الروحية ستعتمد على الموقف الذى يقفه هذا المسلم بين هذين الموقفين المتناقضين ، واين يقع اهتمامه الروحي.

لقد خلق الله بواسطة الروح القدس جوعا روحيا في قلوب الكثيرين من المسلمين. من المحتمل ان يدافع المسلم دفاعا قويا عن الاسلام كطريق للحياة، حتى ولو كان ماديا لا يمارس الفرائض الاسلامية في حياته اليومية. ومن الممكن ان يدافع عن افضلية الاسلام على المسيحية التي يشاهدها في الولايات المتحدة والاماكن الاخرى في العالم الغربي .وافضل دفاع في مثل هذه الحالة هو ان تعترف له

بان بعض المسيحيين لا يحبون حسب فروض ايمانهم المثلى ، وعندها من المحتمل ان يعترف هو ايضا بان هذا ينطبق على اتباع ايمانه.

قبل ان تدخل في حوار عن الامور الروحية ، عليك ان تدرس كل ما يمكن ان تدرسه عن القرآن وتاريخ الاسلام وما يعتقده المسلمون عن الديانة المسيحية.

وستدهش عندما تعرف كم هي الاشياء المشتركة بين المسيحيين والمسلمين ، كما ستلاحظ ايضا الخلافات الحادة. وعندما تتقبل النواحي الايجابية في الاسلام تربح احترام وصداقة المسلم. اما ان هاجمت ديانته ، فانه سيقابل ذلك بالمثل. ولا جدوى من مقارنة الاشياء الجيدة في ديانتك بالاشياء السيئة في ديانته. ليكن حوارك مشاركة في الامور ذات المعنى الاسمى في حياتكما.

وسيقتادك الروح القدس الى اكتشاف ما هو النافع من ايمانيكما ، وسيدلك كيف تصفّي الخلافات.

مما يساعدك ايضا ان تعرف ان الكثير من تعاليم القرآن مشابه لقصص وفرائض موجودة في كتب الابوكريفا او كتب العهد الجديد غير القانونية. فالقصص الواردة في القرآن عن يسوع عندما تكلم وهو في المهد او عندما صنع طيورا من الطين وهو طفل مذكورة ايضا في "انجيل توما الاسرائيلي" وفي "انجيل الطفولة" باللغة العربية. وبعض هذه الآراء نجدها ايضا في أدب التلموذ اليهودي. اما مصدر التعاليم الغريبة الاخرى بالنسبة لنا فنجدها في تاريخ فترة ما قبل الاسلام لشبه جزيرة العرب. فمحمد (ص) كان اميا حسب الحديث الاسلامي المنقول ، ولم يكن الكتاب المقدس قد تُرجم الى اللغة العربية اثناء حياته كما نعلم ، ولذلك فقد اعتمد محمد (ص) على الحديث الشفهي المنقول. اما تصريحاته التي تناولت الديانة المسيحية فكانت متأثرة بالنزاعات اللاهوتية التي كانت قائمة بين الفرق المسيحية المتنافسة ، والتي تبحث بشكل خاص في طبيعة المسيح البشرية ، وطبيعته الالهية ، ومكانة مريم في التجسد. لذلك تأثرت معتقدات المسلمين حول الكتاب المقدس والديانة المسيحية برد فعل محمد (ص) السلبي من هذه المنازعات. ولكن بالرغم من ذلك فهناك معتقدات مشتركة كثيرة عن يسوع يؤيدها نص القرآن ، كولادته من عذراء ، والمعجزات التي صنعها ، وصعوده الى السماء.

تسيطر على وجهة نظر المسلم تجاه الديانة المسيحية ثلاث مسائل. الاولى ، انه يعتقد ان اليهود والمسيحيين قد حرّفوا العهد القديم والعهد الجديد عمدا لكي يخفوا النبوءات التي تتنبأ عن مجيء محمد (ص). والثانية ، ان المسيحي يؤمن بثلاثة الهة ، فمن تعاليم القرآن يمكن ان يفهم ان المسيحيين يعتقدون بالله كثالوث مؤلف من الله ومريم ويسوع. الديانة الاسلامية ترفض القول بأن يسوع هو ابن الله. والثالثة ، الايمان بأن يسوع لم يمت على الصليب وانما الذى مات هو

شخص آخر كيهوذا الاسخريوطي او سمعان القيرواني فصلب مكانه.

يختلف رأي المسلم في الخطيئة والخلاص تمام الاختلاف عن رأي العهد الجديد. فهناك الكثير من الغموض في الاسلام فيما يتعلّق بتعريف الخطيئة. فالقرآن قاس احيانا وليّن أحيانا اخرى في موقفه من عقاب الخطيئة. وتنقسم الخطايا في الاسلام بوجه عام الى مجموعتين : الخطايا الكبيرة والخطايا الصغيرة. وكان الفقهاء المسلمون يميلون الى الموازنة بين صرامة القرآن وغفران الله الكامل لجميع الخطايا ، باستثناء اشراك اله آخر مع الله في العبادة ، اى خطيئة الشرك بالله.

الخطيئة بالنسبة للمسلم الاعتيادى هي التقصير في العيش على المستوى الاخلاقي ، والتقصير في ممارسة ما تفرضه اركان الاسلام الخمسة. اما اذا عاش بحسب هذه الفرائض فهو ليس بخاطئ وانما يستحق الخلاص بسبب اعماله الصالحة التي يجب ان تعادل تقصيره. وهناك ملاكان يسجّلان اعماله الصالحة واعماله الشريرة ، وهذه جميعها ستقدم في يوم القيامة.

يخاف المسلم المتدين نار جهنم او الاعراف (الجدار الفاصل بين الجنة والنار). فالشعور بالخوف يسيطر على حياة المسلم لانه لا يحيا بحسب متطلبات ايمانه. انه يؤمن ان لا احد يستطيع ان يدفع ثمن خطايا انسان آخر. لذلك يتوجب عليه ان يتألم بسبب خطاياه. كما يؤمن ايضا انه سيخلص أخيرا من الاعراف بواسطة محمد (ص). اما غير المؤمن المشرك بالله فسوف يعاقب عقابا أبديا.

تختلف فكرة الكتاب المقدس بخصوص الخطيئة والخلاص عن فكرة المسلم. فالعهد الجديد يعلّم بوضوح ان جميع البشر خطاة ، وان يسوع المسيح وحده قادر على ان يشفع في الخطاة بسبب موته على الصليب وقيامته من الموت. فالخلاص بالايمان بالمسيح هو هبة محبة الله ونعمته لا نستحقه بسبب اي عمل نستطيع عمله.

ان ما يؤمن به المسلم ، وموقفه تجاه ايمانك بالمسيح ، مطبوع بعمق في عقله الباطني ، وهذا يؤثر تأثيرا مسبقا في موقفه منك ، وعلى ما تشاركه به. انه يشعر بأنك قد ضللت ومن واجبه ان يقتادك الى الحق الموجود في الاسلام. وكلما تقدمت في الحوار اكثر كلما برزت هذه الخلافات ، وعليك ان تواجهها.

يتضمن الفصل الرابع بعض الاسئلة والاقوال التي يمكن ان يستعملها المسلم ، وبعض الاجوبة الممكنة.

تذكر ان الشرط الاساسي في الحوار هو الاصغاء والمشاركة. الاصغاء ضروري لتسمع ما يقوله ويشعر به صديقك المسلم. استغلّ فترة الاصغاء لتعرف منه ما هو الشيء المهم في حياته ، وان كان ما يشارك به غامضا فاطلب منه توضيح ذلك.

وعندها تصبح حرا لتشاركه بما هو مهم في علاقتك بالله وفهمك للكتاب المقدس. شهادتك الشخصية ستكون اكثر تأثيرا من اي جدال حول الحقائق التي تتمسك بها ، وهذا يتطلب الكثير من الصبر والوقت.

لا بد من توجيه العديد من كلمات التحذير عندما تتوقع حواراً وشهادة متبادلة بين الاديان مع المسلمين. الكلمة الاولى تتعلق بطريقة البدء في الحوار. جميع الاديان الاخرى ، حتى اليهودية ، تقاوم بشدة طريقة الشهادة لربح النفوس او خطة الخلاص. هذه الطريقة ليست الا مناجاة ذاتية موجّهة ، تقوده الى اتخاذ تصميم ليسوع خطوة خطوة. حتى ولو وافق المسلم على الاصغاء لهذه الطريقة غير المرغوبة فان اعترافه بالايمان يمكن ان يكون وسيلة مهذبة لارضائك فقط ، ومن الصعب جدا تقرير الدافع الذى دفعه للاعتراف بالايمان. هل هو مخلص ، او انه يتوقّع ربحا ماديا او زوجة جديدة. هذه الامور تعتبر اسبابا شرعية لتغيير الايمان من قبل بعض المسيحيين غير المخلصين ، وبعض المسلمين غير المخلصين في الشرق الاوسط.

الضرر الفعلي من وسيلة " خطة الخلاص " هو اختلاط معنى المصطلحات اللغوية في ذهن المسلم. فبعض الكلمات ككلمة " خطية " أو " خلاص " أو " صليب " أو " ابن الله " لها معان مختلفة تماما لدى المسلم ولا توصل اليه رسالة الانجيل الا بعد ان يتقدم في المعرفة ، ويمكن في الواقع ان تثير ردّ فعل عدائيا يسيء الى الغرض الذى نستعملها من اجله.

يقدم الفصل الرابع اقتراحات لوسيلة اتصال بديلة حيث يستعمل الكتاب المقدس بطريقة مقبولة اكثر من قبل المسلم. تذكّر ان المسلم لا يمكنه ان يفهم معنى كلمة الخلاص طالما هو ينكر حقيقة موت المسيح على الصليب.

عند بحث الكتاب المقدس مع المسلم يجب قراءة الاعداد مع قرينتها. لأنّ المسلم على ما يظهر قد طوّر اسلوبا معقّدا ، واستبدل عددا بآخر ، بسبب الطريقة التي كتب بها القرآن قطعة قطعة ، وسيحاول ان يجد في الكتاب المقدس اعدادا متناقضة. فانت بحاجة لمعرفة الكتاب المقدس معرفة تامة. ساعده ليفهم معنى الفقرات وعلاقتها بسياق الكلام الموجودة فيه.

سيتأثر المسلم بكلماتك اذا اختبر صداقتك الفعلية ورأى انك تحيا حياة

اخلاقية متماسكة. كما يجب ان تكون شهادتك المسيحية مطابقة لاسلوب حياتك. وسيكون المسلم حساسا للمحبة ولنوع الحياة التي يهبها لك المسيح. تأكد ان تعطي المجد لله اذا صرّح المسلم بمحبته لطريقة حياتك المسيحية لانه سيحترم ذلك ويعتبره مظهرا من مظاهر التقوى.

من الافضل ان تربح المسلم كصديق على ان تربح جدالا وتخسر صداقته. وتاريخ المواجهة بين المسيحية والاسلام مليء بالجدال والغضب وسفك الدماء. من السهل على المسيحي ان يثبت ما يدّعية فيذلّ المسلم ويثيره ، وهكذا ينقطع الاتصال ويفشل الهدف من الحوار. لذلك تجنّب الملاحظات المحرجة عن محمد (ص) والقرآن والاسلام حتى ولو هاجم المسلم ايمانك. وليكن صبرك وصداقتك وسيلتين ليستخلص النتائج لنفسه عن صحة ايمانك.

ولا بد من توجيه كلمة تحذير بخصوص حياتك الروحية الخاصة. يمكن ان يكون الحوار مع المسلم اختبارا مفيدا ولكنه يمكن ايضا ان يكون مدمّرا ، ان لم تكن على علاقة شخصية مع الله بواسطة المسيح. فللاسلام قوة جذابة تستهوي الطبيعة البشرية ، فيظهر معقولا ، ولكن روحه معارضة لمحبة الله المعلنة في المسيح ، بسبب انكاره للصليب. الحوار مع المسلم يتحدى عقلك وروحك ويجعلك تعيد التفكير في تعميق ايمانك. تذكر حاجتك الى المحافظة على حياة العبادة المتواصلة ، والحصول على صلوات التأييد والشركة مع مسيحيين آخرين. وبامكان الروح القدس ان يستخدم هذه المواجهة لزيادة فهمك للكتاب المقدس وقوة الصلاة ، ويعطيك الغلبة على المصاعب التي تواجهك.

من الامكانيات والاخطار المعترف بها ان بعض الاشخاص من المسيحيين او المسلمين يغيّرون ايمانهم ، ويعتنقون المذهب الاخر نتيجة للحوار. نتائج هذا الخطر خطيرة جدا بالنسبة للمسلم ، اذ يمكن استعمال التهديد بالموت لمنعه من اعتناق المسيحية. سنبحث هذا الموضوع في الفصل السادس.

وكلمة تحذير اخرى لا بدّ من ابدائها بالنسبة للحوار مع المسلم من الجنس الاخر ، فمعظم المسلمين يعيشون في بلاد تحرّم اختلاط الجنسين الى ما بعد الخطوبة والزواج. حتى الاشخاص المخطوبون مراقبون من قبل افراد العائلة. والمسلم المتديّن لا يسلم باليد على امرأة ، ولا ينظر الى عينيها خوفا من الوقوع في التجربة ، ولذلك فمن المفضّل ان تتحدث مع مسلم من نفس الجنس وان لا تتحدث مع الجنس الاخر الا بحضور أشخاص آخرين. ان حرية الاتصال بين الجنسين في الولايات المتحدة والبلدان الغربية الاخرى يصبح موضوع سخرية واحتقار لدى المسلم عندما يعود الى موطنه.

ادرس القواعد الاجتماعية المقبولة عند المسلمين لئلا يسيء المسلم او

المسلمة فهم نواياك ومقاصدك .

صلِّ من اجل البصيرة والمحبة والصبر لفهم صديقك المسلم ، وتذكر انه هو ايضا يحاول ان يفهمك . استعدادك لفهم عاداته ، وانفتاحك للقرآن ولمعتقدات المسلمين سيكونان حافزا لانفتاحه لمعتقداتك وللكتاب المقدس. ولقد اكتشف العاملون بين المسلمين في الشرق الاوسط ان الصداقة المسيحية المصحوبة بدراسة الاناجيل تشكل اقوى عامل موئثر في المسلم ليقبل الايمان المسيحي .

الفصل الرابع

اسئلة واقوال تواجهها في الحوار مع المسلمين

هذه بعض الاسئلة النموذجية التي تُسأل والاقوال التي يصرّح بها المسلمون للمسيحيين اثناء الحوار . يتعلّم المسلمون هذه الاسئلة في المدرسة منذ صغرهم . وهم يعرفون الاجوبة التي سيجيب بها المسيحيون ومستعدون للرّد عليها. وبدل ان تشكل هذه الاسئلة تهديدا للمسيحي يمكن ان تكون نقطة انطلاق للبدء في حوار مفيد ، وشهادة متبادلة بين الديانتين . عندما تبدأ حوارا مع صديقك المسلم حاول ان تفهم المشاعر الكامنة وراء هذه الاسئلة . ارجع بها الى القرآن ثم وضّحها بواسطة الكتاب المقدس. نقدم لك المعلومات التالية كمادة يمكن الرجوع اليها والتي يمكن ان تساعدك. انها مجود دليل . ومن المؤكد ان المواضيع التي ستبحثها مع المسلم سوف لا تكون بالترتيب ذاته المقدم هنا .

أ : فيما يتعلّق بالاسلام :

١ ــ لماذا انت غير مسلم ؟

يكون هذا السؤال غالبا على شكل مجاملة . يسأله المسلم عادة عندما يرى اهتمامك به واهتمامك بدراسة الديانة الاسلامية . وهو يستغرب ايضا كيف يمكن لاي شخص ان يقاوم حقيقة الاسلام التي يؤمن بأنها اعلان الله النهائي للانسان .

جوابي على ذلك يتخذ عادة الشكل التالي : انني احترم ديانتك الاسلامية ، ولكنني قد سلّمت حياتي لمشيئة الله المعلنة في شخص يسوع المسيح .وذلك ليست محاولة للتملص من الاجابة ، لاننا نقرأ في القرآن في سورة المائدة (على لسان الحواريين وهم تلاميذ يسوع) :

" قالوا آمنا واشهدْ باننا مسلمون "

المسيحيون وجميع المؤمنين بالله من آدم وابراهيم مسلمون بموجب القرآن . والاسلام كالمسيحية عبارة عن ايمان شخصي بالله ، يظهر في حياة تخضع لارادة الله . وتدل نفس سورة المائدة على ان يسوع قد صنع معجزاته العظيمة بسماح من الله ، وعاش هو واتباعه ايضا حياة خضوع لمشيئة الله. هذا هو الاسلام الحقيقي ، اي الخضوع لمشيئة الله. ولقد اعلن لنا يسوع اساس حياة الخضوع لمشيئة الله في انجيل يوحنا ٦ : ٣٨ ــ ٤٠ .

" لاني قد نزلت من السماء ليس لاعمل مشيئتي بل مشيئة الذى ارسلني .

وهذه مشيئة الآب الذى ارسلني . ان كل ما اعطاني لا اتلف منه شيئا بل اقيمه في اليوم الاخير . لان هذه هي مشيئة الذى ارسلني ان كل من يرى الابن ويؤمن به تكون له حياة أبدية وانا اقيمه في اليوم الاخير . " فبحسب ما جاء في القرآن والكتاب المقدس يسوع وحده هو القادر على اقامة الموتى . ومشيئة الله هي ان يشترك في القيامة جميع الذين يؤمنون به . وهذه القيامة هي الامل الاساسي لكل مسيحي ومسلم .

٢ ــ ماذا تفكر بالنبي محمد (ص) ؟

يفرض الاسلام على المسلمين الايمان بالله وحده وبمحمد (ص) خاتم الانبياء . وقد طوّر المسلمون هالة من القداسة حول محمد (ص) . كل عمل عمله كانسان اصبح نموذجا لحياة المسلم المتديّن اليومية . ورغم رفض المسلمين الوهية المسيح ، كثيرون منهم نسبوا بدون وعي ، شخصية المسيح الخالية من الخطية الى محمد (ص) .

وينظر الكثيرون منهم الى محمد (ص) كوسيط بين الله والناس . فهو بالنسبة لهم الانسان المثالي الطاهر وبلا خطيئة ، كما نسبت اليه المعجزات فيما بعد ، مع ان القرآن لا يذكر له اية معجزة باستثناء معجزة القرآن نفسه ، كما جاء في سورة العنكبوت :

"او لم يكفهم انا انزلنا عليك الكتاب يتلى عليهم ، ان في ذلك لرحمة وذكرى لقوم يؤمنون" . فبسبب هذا التكريم لمحمد (ص) ليس من الحكمة ابداء اية ملاحظة انتقاد له حتى ولو كانت مدعومة تاريخيا لان هذه الملاحظات سوف تغضب المسلم فقط وتدفعه ليهاجمك ويهاجم يسوع .وجوابي له عادة : " انا احترم نبيّك ، فهو الذى قاد الشعب العربي من عبادة الاوثان الى الايمان بالله ، الاله الحقيقي ، ولكنني كمسيحي اتبع يسوع لانه اعلن محبته لي عندما حمل جميع خطاياى في جسده على الصليب ، وقد أقامه الله ، وهو الان حي في السماء " .

تسير المحادثة عادة في طريق من طريقين بعد هذا الاعتراف . الاولى ، ان يبدأ المسلم بمدح يسوع ورواية قصة ميلاده كما جاءت في القرآن او ربما يكون ردّ الفعل ان يقول " انه لم يمت على الصليب " . وهذا القول يقود بالطبع الى بحث في موضوع الصليب .

٣ ــ لماذا لا يعرف مسيحيو الغرب الا القليل عن الاسلام ؟

يستغرب المسلم الذى يتربى في الشرق الاوسط حيث الديانة الاسلامية هي الديانة السائدة عندما يكتشف ان ديانته بالكاد تكون معروفة في الغرب . انه يفترض ، من وجهة نظره ، ان العالم سيكون مشتاقا لاعتناق ديانته ، لان الديانة الاسلامية هي الفضلى . انه في الواقع يؤمن ان كل طفل يولد مسلما الى ان يأتي شخص آخر ويغيّر له ديانته .

يحتاج المسيحي الى معرفة تامة بظهور الاسلام وانتشاره ليتمكن من الاجابة على هذا السؤال.

لقد أوقف البابا ليو الثالث تقدم الجيوش العربية السريع في الشرق عندما صد هجوم المسلمين على القسطنطينية سنة ٧١٧ م و سنة ٧١٨ م. كما أوقف شارل مارتل تقدمهم في الغرب بالقرب من مدينة تورز في فرنسا سنة ٧٣٢ م. ولقد حاول مسيحيو اوروبا استرجاع الاراضي المقدسة اثناء الحملات الصليبية. وبعد احتلالات عديدة لفترات قصيرة هزمهم المسلمون نهائيا بقيادة صلاح الدين الايوبي في معركة قرن حطين بالقرب من بحيرة طبرية سنة ١١٨٧ م. وبالكاد نجح المسيحيون في صد الغزو العثماني لاوروبا في القرن الخامس عشر.

الجواب التاريخي على هذا السؤال : " لماذا لا يعرف مسيحيو الغرب الا القليل عن الاسلام ؟" هو لان مسيحيّي اوروبا منعوا انتشار الاسلام في معظم بلدانهم. اختاروا ان يظلوا مسيحيين. لقد كان اجدادهم مسيحيين ، هاجروا الى الغرب بعد حركة الاصلاح الديني ، ولذلك بقيت الديانة المسيحية هي الديانة السائدة في الغرب الى يومنا هذا.

لقد تأثرت العلاقات المسيحية الاسلامية تأثرا سلبيا بهذا التاريخ من الصراع. وحاول كل طرف منهما ان ينعزل عن الاخر والا يعرّض نفسه لايمان الطرف الاخر. ولكن عالم العصر الحديث الضيق المتقلّص قد اجبرنا على ان نتخذ موقفا اكثر انفتاحا نحو بعضنا البعض ، والحوار يمكن ان يتيح لنا الفرصة لنشارك الاخرين بايماننا ، ولكن ذلك يتطلب استعدادنا بعدم اجبار الاخرين على الايمان بما نؤمن به نحن.

يمكننا ان نجد نقطة هامة متفقا عليها للبدء في الحوار. ففي القرآن وفي سورة البقرة نقرأ هذه الكلمات : " لا اكراه في الدين ". لا يجب فرض المعتقدات بالسيف من قبل المسلمين ولا من قبل المسيحيين كما حدث في الماضي لسوء الحظ. جهاد المسلم او الحروب المقدسة كان له ما يقابله في الحملات الصليبية.

الديانة الصحيحة هي اقتناع القلب ولا يمكن فرضها بالقوة. وفي الحوار يمكن ان يتحدى المسلمون والمسيحيون بعضهم بعضا لخدمة البشرية في سلام وحرية.

سينجذب المسلم الى المُثُل العليا في الحرية الدينية التي لا وجود لها في العديد من بلدان الشرق الاوسط حيث تسود الديانة الاسلامية. والانسان هناك حر في البقاء في الديانة التي ولد فيها ، او اعتناق الاسلام. وعقاب الارتداد عن الاسلام في بعض المناطق المتعصّبة هو الموت.

الحرية الكاملة للمسيحي موجودة فقط في التجديد الروحي بواسطة الايمان بيسوع . انها الحرية التي وصفها بولس الرسول في رسالته الى اهل رومية ٨ : ٢ : " لان ناموس روح الحياة في المسيح يسوع قد اعتقني من ناموس الخطية والموت " .

شجّع صديقك المسلم ليدرس الكتاب المقدس ويجد بنفسه النقاط المشتركة المتّفق عليها بين ايمانيكما لتتمكنا من المشاركة في هذه الحرية . احترم صداقتك له بزيادة معرفتك للديانة الاسلامية ، وسيستفيد كل منكما من هذه العملية .

ب ــ فيما يتعلّق بالكتاب المقدس :

١ ــ الم يتنبأ كتابكم المقدس عن مجيء النبي محمد ؟

لقد علّم محمد (ص) ان الكتب المقدسة السابقة قد تنبأت عن مجيئه وكان ينتظر من المسيحيين واليهود ان يقبلوه نبيا جديدا لهم تحقيقا لهذه النبوءات ، وعندما رفضوه اجابهم قائلا انهم حرّفوا كتبهم المقدسة .

وسوف يقتبس المسلم ما قاله الله لموسى في سفر التثنية ١٨ : ١٨ ــ ١٩ ليدعم سؤاله : ــ

" أقيم لهم نبيا من وسط اخوتهم مثلك واجعل كلامي في فمه ، فيكلمهم بكل ما اوصيه به ، ويكون ان الانسان الذى لا يسمع لكلامي الذى يتكلم به باسمي انا اطالبه " .

يعتقد المسلم ان النبي المشار اليه في هذه الاعداد من العهد القديم هو محمد . والمعلقون المسلمون يشيرون لهم ليرجعوا الى القرآن سورة الاحقاف : " وشهد شاهد من بني اسرائيل على مثله " .

بامكانك ان تشرح لصديقك المسلم ان ما جاء في سفر التثمية ١٨ : ١٨ ــ ١٩ قد أعطي من الله لموسى في العهد القديم . وقد تم ذلك في العهد الجديد بمجيء المسيح قبل ستمائة سنة من كتابة القرآن . يؤكد ذلك ما جاء في سفر اعمال الرسل ٣ : ١٨ ــ ٢٦ .

" واما الله فما سبق وانبأ به بأفواه جميع انبيائه ، ان يتألم المسيح ، قد تممه هكذا . فتوبوا وارجعوا لتمحى خطاياكم ، لكي تأتي اوقات الفرج من وجه الرب ، ويرسل يسوع المسيح المبشّر به لكم قبل . الذى ينبغي ان السماء تقبله الى ازمنة ردّ كل شيء ، التي تكلم عنها الله بفم جميع انبيائه القديسين

منذ الدهر. فان موسى قال للاباء ، ان نبيا مثلي سيقيم لكم الرب الهكم من اخوتكم ، له تسمعون في كل ما يكلمكم به ، ويكون ان كل نفس لا تسمع لذلك النبي تباد من الشعب .... اذ اقام الله فتاه يسوع ارسله يباركم برد كل واحد منكم عن شروره".

كرر استفانوس هذه النبوة في موعظته التي سبقت استشهاده في سفر اعمال الرسل ٧:٣٧. وهكذا نرى ان بطرس واستفانوس يؤكدان ان ما جاء في سفر التثنية ١٨:١٨ — ١٩ يشير الى يسوع مباشرة. مسيا الذى كان يهوديا "من بين اخوتكم" ومن غير الممكن ان يشير هذا العدد الى محمد (ص) الذى كان عربيا من نسل اسماعيل.

اذا رغب صديقك المسلم ان يتابع البحث في هذا الموضوع ، فبامكانك ان ترجع معه الى العهد الجديد ، او الانجيل ، حيث يدعو اليهود يسوع " النبي " (انجيل متى ٢١:١١ وانجيل لوقا ١:٧٦ و ٢٤:١٩ وانجيل يوحنا ٦:١٤ ، ٧:٤٠) فالنبوة لا تعتمد على نبوءات النبي فقط ، وانما على أخلاقه واعماله ، لقد استطاع اتباع يسوع ان يروا بوضوح انه هو الذى تنبأ الكتاب المقدس عنه وعن اعماله.

٢ — الاعداد التي تتكلم عن الروح القدس (الباراكليط)

سيشير المسلم الى الوعد بالروح القدس المعزي، او المدافع الموعود به من قبل يسوع في انجيل يوحنا ١٤:١٦ و ١٥:٢٦ و ١٦:٧ كنبوّة عن مجيء محمد (ص). والتعليل الذى يقدّمه المسلم هو ان علماءه يعلّمون بان الكلمة اليونانية "باراكليطوس" هي تحريف لكلمة اخرى بريكليطوس وتعني المحامي او الشفيع او المشير او المعزي او المعنى الحرفي " شخص مدعو ليقف بجانبنا ويساعدنا ". وبموجب تفسير هؤلاء العلماء فان هذه الكلمة بريكليطوس عندما تترجم الى اللغة العربية يمكن ان تعني " احمد او الشخص المحمود " وهو اسم من اسماء النبي محمد ". ولكننا اذ فتشنا في المعجم اليوناني فسوف نرى انه لا وجود لهذه الكلمة " بريكليطوس " في لغة العهد الجديد اليونانية. ومن الواضح ان هذه الكلمة ليست الا تحريفا لكلمة يونانية "كليوءس" وتعني " المجد " او " الحمد ".

شجّع صديقك المسلم ليقرأ مضمون ما جاء في انجيل يوحنا ١٤:١٦ ، وسوف يظهر في الحال ان المَعَزّي المقصود هنا هو روح الحق (عدد ١٧) اى الروح القدس (عدد ٢٦). وهذا ينطبق ايضا على ما جاء في انجيل يوحنا ١٥:٢٦ و ١٦:٧. وروح الحق هذا ليس مخلوقا بشريا ولكنه الروح القدس الذى سيرسله يسوع من عند الله الاب بعد ان يقام من الموت " لانه ماكث معكم ويكون فيكم " (يوحنا ١٤:١٧).

يؤمن المسلم ان الروح القدس يشير الى محمد (ص) وذلك بسبب آية في القرآن في سورة الصف :

" واذ قال عيسى ابن مريم يا بني اسرائيل اني رسول الله اليكم مصدّقا لما بين يديّ من التوراة ومبشرا برسول يأتي من بعدي اسمه أحمد " .

من المهم ان نلاحظ هنا ان هذه الاية تؤكد ان يسوع كان رسولا لليهود وشاهدا على صحة ناموس موسى . كما انها بمثابة جواب غير مباشر على التساؤل حول معنى ما جاء في سفر التثنية ١٨ : ١٨ — ١٩ .

الاشارة في هذه الاية الى الرسول الذى اسمه "أحمد" اى "الشخص المحمود" . تعني بموجب انجيل يوحنا ١٤ : ١٦ الروح القدس لا محمد (ص) .

يعترف يوسف محمد علي ان الكلمة الاصلية المستعملة في النسخة اليونانية لانجيل يوحنا يمكن ان تكون باراكليطوس لا بريكليطوس . ان هذه الملاحظة التي يبديها عالم مسلم مشهور تكتشف ضعف حجّتهم . فنظرية بريكليطوس لا يمكن اثباتها .

من مميزات الاسلام الرئيسية عدم قدرته على قبول حقيقة شخصية الله المعلنة في الروح القدس . يعلن الله نفسه في الاسلام بواسطة الوسطاء او الملائكة التي هي من مخلوقات الله ، واغلب علماء المسلمين يعلّمون ان الروح القدس كان الملاك جبرائيل ، وقد تجنبوا عن قصد مضمون الاعداد التي تتكلم عن الروح القدس في انجيل يوحنا ١٤ : ١٦ وحاولوا ان يحرفوا معنى هذه الاعداد الى نبوة مجيء محمد . ولذلك اغتنم كل فرصة لتعرّفهم على الروح القدس الحقيقي الذى يعطيه يسوع لكل من يؤمن به .

٣ — كتابكم المقدس قد شُوِّه او حُرِّف

يدعي المسلم ان الانجيل الاصلي ، لا بد وان يكون قد تنبأ عن مجيء محمد (ص) ، ولا يمكن ان يدعو يسوع ابن الله . يعلّم القرآن ان يسوع لم يصلب ، ويعتقد المسلم ان الانجيل الذى اعطي من الله ليسوع قد ضاع . ويقول بعض المسلمين ان ما يسمى انجيل برنابا هو الانجيل الصحيح .

ان فكرة تحريف الكتاب المقدس المسيحي منتشرة بين المسلمين . ومصدرها المتناقضات الواضحة بين القرآن والكتاب المقدس . يقدم العلماء المسلمون البرهان على ذلك بكثرة الترجمات ، والتباين الظاهر بين نسخ ومخطوطات الكتاب المقدس ، ويقتبسون من كتب كتبها علماء مسيحيون يستعملون طريقة النقد الحرفي .

من الضرورى ان يلمّ المسيحي بالطريقة التي كتب بها القرآن ليتمكن من مقارنته بالكتاب المقدس . ولا أنصح بحث هذا الموضوع مع المسلم الا إن كان واعيا .

يحترم المسلم الاعتيادى القرآن احتراما كبيرا ، ومجود التفكير بان هناك اكثر من نصّ واحد للقرآن يؤذيه ويغضبه كثيرا .

جميع الاعلانات لمحمد (ص) كانت شفهية ، وقد كتبها اتباعه على أيّة مادة وقعت عليها أيديهم . ولم تكن هناك حاجة لجمعها الا بعد وفاته ٦٣٢ م . وتروي التقاليد ان عمر بن الخطاب الذى اصبح خليفة سنة ٦٣٤ م ، ذهب الى ابي بكر الصديق واقترح عليه جمع القرآن ، فطلب ابو بكر من زيد بن ثابت ان يقوم بجمعه . فجمع زيد الاقسام المدونة على قطع من ورق البردي والحجارة وسعف النخيل وعظام الحيوانات، وقطع الجلد ، والواح الخشب ومن صدور الرجال . بعد موت ابي بكر أعطيت هذه المجموعة لعمر فاودعها عند ابنته حفصة . وفي سنة ٦٥٠ م طلب الخليفة عثمان ابن عفان من زيد بن ثابت وثلاثة مكيّين آخرين ان يقوموا بجمع مجموعة اخرى للقرآن وان يعتمدوا على المادة المحفوظة عند حفصة . بعد ان تم جمع المجموعة الجديدة وزّعت نسخ منها على المراكز الرئيسية في الامبراطورية الاسلامية ، كما صدرت الاوامر باتلاف جميع النسخ الاخرى . والقرآن الموجود حاليا والذى يقرأه المسلمون هو نفس القرآن الرسمي الذى جمع في زمن عثمان .

معظم المسلمين العلمانيين لا يعرفون انه كانت هناك نسخ اخرى من القرآن قبل ذلك ، ولذلك يتسرعون في توجيه الانتقادات للكتاب المقدس بسبب تعدّد النسخ واختلافها . والحقيقة هي ان الاخطاء الحرفية في عملية تدوين القرآن والكتاب المقدس ليست بذات أهمية ، ولا تغيّر شيئا من العقائد الاساسية في كلا الكتابين .

يستطيع المسيحيون ان يثقوا بان الكتاب المقدس قد نقل بدقة تامة . ان مخطوطات البحر الميت التي اكتشفت حديثا تؤكد صحة سفر اشعياء في العهد القديم . يرجع تاريخ مخطوط إشعياء الى حوالي سنة ١٢٥ ق.م . ولكنه يُظهر دقة الناسخ الذي أعطانا النص "الماسوري" للعهد القديم والذى يرجع تاريخه الى اكثر من الف سنة بعد ذلك (سنة ٩١٦ م) . وهذا المخطوط العبرى الجميل معروض حاليا في مدينة القدس.

يقول احد علماء الكتاب المقدس ان مخطوط إشعياء يتفق كلمة كلمة بنسبة تزيد على ٩٥ ٪ مع نص الكتاب المقدس العبرى الحالي ، اما الخمسة في المئة المختلفة فهي عبارة عن هفوات قلم واضحة واختلاف في الاملاء .

نجد الدقّة نفسها في نقل مخطوطات العهد الجديد . فلم تحفظ أيّة وثيقة قديمة باعتناء كما حفظت مخطوطات العهد الجديد . يشهد على ذلك ما كتبه احد مفسري الكتاب المقدس فقال : " رغم وجود اكثر من الف واربعمائة مخطوطة يونانية للاناجيل يرجع تاريخها الى القرن الميلادى الثالث وحتى عصرنا هذا بالاضافة الى

النصوص والعديد من المخطوطات والاقتباسات من اقوال آباء الكنيسة بقي النص ثابتا . ومع وجود ثروة ضخمة من المتنوعات بسبب التغييرات المقصودة وغير المقصودة بقي النص في حالة جيدة مع امكانية التوصل الى القراءة الصحيحة بدون صعوبة .

كثيرا ما يكون للقراءة بعض التأثير على التفسير ، ولكن ذلك لا يثير أية تساؤلات اساسية حول الايمان المسيحي والاخلاق ، فيما يدور حول نص مختلف عليه .

كما ان كاتب كتاب "تطابق الاناجيل " يوافق على ان " الاختلافات بين المخطوطات تظهر اكبر من اهميتها الفعلية" . والحقيقة هي ان حوالي ٩٠ ٪ من مخطوطات العهد الجديد متفقة ، والاختلافات تشكل نسبة مئوية ضئيلة لا تأثير لها في العقيدة المسيحية الاساسية .

من الواضح ، ان المسلمين قد تخلصوا من مشكلة النصوص المتباينة للقرآن باتلاف جميع النصوص والاحتفاظ بنص واحد فقط ، بينما احتفظ المسيحيون بالنصوص المختلفة ، متأكدين بان الرسالة الموحى بها سوف لا تشوّهها اخطاء النسّاخ البسيطة . وعلينا ان نذكّر انفسنا ونشهد للمسلمين ايضا ان الانجيل الصحيح ليس مجرد الكلمة المكتوبة بل الكلمة الحية ، يسوع المسيح نفسه ، والاسفار المقدسة لا تشهد لنفسها بل تشهد له وحده .

من المفضّل تأجيل البحث في المشاكل الفنية المتعلّقة بنقل وتطوير نص القرآن والكتاب المقدس الى ان يصبح المسلم مستعدا لقبولها . والمشكلة الحقيقية هي في الواقع مشكلة تفسير الكتب التي بين أيدينا .

عندما يدّعي صديقك المسلم ان كتابك المقدس قد حرّف ، فمن المناسب ان تذكّره بالاية القرآنية في سورة فصّلت : " ما يقال لك الا ما قد قيل للرسل من قبلك " .

يبيّن القرآن ان محمدا (ص) لم يأت باعلان جديد ولكنه جاء منذرا ومذكرا بالامور التي اعلنها الله في التوراة والانجيل . يؤكد هذا ما جاء في سورة آل عمران :
" نزّل عليك الكتاب بالحق مصدّقا لما بين يديه وانزل التوراة والانجيل من قبل هدى للناس وانزل الفرقان " .

يؤكد القرآن ما جاء في التوراة والانجيل . ولا يذكر القرآن ان الكتاب المقدس قد حُرّف لكنه في الواقع يبيّن ان الكتاب المقدس قد حُفظ من الخطأ . يشهد على ذلك ما جاء في سورة المائدة :
" وانزلنا اليك الكتاب بالحق مصدقا لما بين يديه من الكتاب ومهيمنا عليه " .

ان هذه الفكرة الخاطئة القائلة بان الكتاب المقدس المسيحي قد حرّف دخلت الفكر الاسلامي نتيجة لسوء فهم صياغة النَّسْخ ، " الناسخ والمنسوخ " ، التي استعملها محمد (ص) لاستبدال قطعة من القرآن ، اعلنت له في فترة متأخرة كما جاء في سورة النحل :

" واذا بدّلنا آية مكان آية والله اعلم بما ينزّل " . وفي سورة البقرة توضيح اكثر لذلك حيث يقول : " ما ننسخ من آية او نُنسِها نأتِ بخير منها او مثلها الم تعلم ان الله على كل شيء قدير " .

لقد برّر المفسرون المسلمون هذه التبديلات معتمدين على فكرة التطوّر في الاعلان ، وطوّروا نظاما معقّدا لتحديد ازمنة الايات في القرآن ، ليقرروا ايها اعلن بعد غيره من الايات . كما ان مكان نزول السور (أهي مكيّة أم مدنيّة) قد ارتبط بكل سورة او حتى ببعض الايات .

وهذا يقودنا بدوره الى كلمة تحذير وهي ان الاقتباس من القرآن يمكن ان يكون خطرا . اذ بامكان المسلم ان يقتبس آية اخرى لها معنى مضاد ولا يرى في ذلك اى تناقض . والافضل ان تترك مسؤولية تفسير القرآن للمسلم . ان معرفة محتويات القرآن لها قيمتها للمسيحي في الحوار مع المسلمين ، ولكنه يفضل الاحتفاظ بهذه المعرفة الى ما بعد اعطاء الفرصة للمسلم ليعرض وجهة نظره . بعد ذلك وجّهه الى الكتاب المقدس لزيادة الايضاح .

يتهم القرآن اليهود والمسيحيين بانهم قد حرّفوا او اخفوا معنى كتابهم المقدس ، ولكنه لا يتهمهم بانهم قد غيّروا النص . وافضل ما تفعله هنا هو ان تؤكد لصديقك المسلم ان الله امين لكلمته وقد حفظ الكتاب المقدس من اى خطأ اساسي . هذا ما يؤكده الكاتب يوسف علي عندما يقول : " المسلمون على حق في احترامهم للكتاب المقدس الحالي (العهد الجديد والقديم) لكنهم يرفضون العقائد الخاصة التي يؤمن بها المسيحيون واليهود .

ان احترام كل فريق لكتاب الفريق الاخر المقدس ككتاب له معناه للمشتركين في الحوار يفتح الطريق لدراسة جدية لهذه الكتب . وبامكان المسيحي ان يتناول القرآن بِجدّية تامة على اساس انه الكتاب الذى يدفع صديقه المسلم ليؤمن بما يؤمن به هوِ ، لانه بذلك يشجع المسلم ليتناول الكتاب المقدس بجدية . كل منهما يجب ان يوافق على ان نصوص الكتب صحيحة ، كما استلمناها ، وخالية من اى خطأ مهم في النقل . هذا لا يُلزم اى طرف بقبول مضمون كتاب الطرف الاخر الا بعد دراسته . الاستقصاء المكشوف ضروري في الحوار والشهادة المتبادلة بين الاديان . وبامكان المسيحي ان يطمئن ويتأكد بان الكتاب المقدس سيشهد لاعلان الله في المسيح .

٤ ـ انجيل برنابا

يدعم المسلمون غالبا اتهامهم بان الكتاب المقدس قد حرّف بالرجوع الى ما يسمى " انجيل برنابا " . اغلب المسلمين لم يقرأوا هذا الكتاب ، ولكنهم سمعوا عن وجوده من المعلمين المسلمين . ويفترضون ان انجيل برنابا هو الانجيل الاصلي الذى اعطاه الله ليسوع وان اناجيلنا مزورة لانها لا تتنبأ عن مجيء محمد . لذلك من الضورورى ان يعرف المسيحي شيئا عن محتويات هذا الانجيل المزعوم ليقرر قيمته في الحوار المسيحي الاسلامي .

الطبعة الحالية لانجيل برنابا اصدرها مجلس القرآن الذى انعقد في الباكستان سنة ١٩٧٣ احتفالا بالذكرى الالف والابعمائة للقرآن . وقد صدر منه (١٢٠٠٠) نسخة فقط ، مما يجعل الحصول على نسخة منه صعبا . والسبب المُعطىَ لاصداره كما يدّعون هو تطوير وتحسين العلاقات بين المسيحيين والمسلمين تمشّياً مع روح تصريح المجلس الفاتيكاني الثاني للكنيسة الكاثوليكية حول الحرية الدينية سنة ١٩٦٥م . ولكن محتويات هذا الكتاب تنكر هذا الهدف كما سنرى .

تُرجم انجيل برنابا الحالي من نسخة باللغة الايطالية يرجع تاريخها الى سنة ١٩٠٧ للونسديل ولورا راج . يدعي الذين اصدروا نسخة سنة ١٩٧٣ ، ان للنسخة التي ترجموها تاريخا طويلا وزاهرا يبتدىء بايرينايوس (١٣٠ ــ ٢٠٠م) ، احد لاهوتيّي الكنيسة في القرن الثاني . ولكننا اذا دققّنا في هذا الادعاء نكتشف ان ايرينايوس لم يقتبس قط من انجيل برنابا ولكنه كان يقتبس من رسالة برنابا غير القانونية . لقد قام جيمس كانون الثالث ، من جامعة ديوك ، بدراسة موسعة لمعرفة اصل المخطوطة الايطالية ، فوجد ان اقدم تاريخ يمكن نسبتها اليه هو سنة ١٣٠٠ م ، معتمدا في ذلك على اللغة والاسلوب والمحتويات . اما الطبعة العربية المنتشرة في بعض بلدان الشرق الاوسط فما هي الا ترجمة للمخطوطة الايطالية ولا تعود لانجيل أقدم من ذلك .

تكشف محتويات انجيل برنابا الحالي انها من اصل اسلامي . فيسوع ينكر انه ابن الله ، ويلعن كل من يدعوه بابن الله (٥٣) . انه يسمى خادم الله لا ابن الله (٥٥) . في انجيل برنابا يسوع ليس مسيحاً (٤٢) ولكنه يتنبأ عن مجيء مسيّا ، هو محمد رسول الله (٤٢ ــ ٤٤) ومن نسل اسماعيل لا من نسل اسحق (٤٣) . وابراهيم قدّم اسماعيل ذبيحة لله لا اسحق (٤٤) . وارسل يسوع تلاميذه ليظهروا الحقيقة للذين اخذوا يعتقدون انه ابن الله (١٠٠) .

يسوع لم يمت على الصليب ، ولكن اربعة ملائكة اخذوه الى السماء من خلال شباك ببيت على جبل الزيتون (٢١٥) . وضع الله شبه وجه يسوع وصوته على يهوذا الاسخريوطي ، فأخذه الجنود ليحاكم ويصلب (٢١٦) . وجاء تلاميذه وسرقوا جثة يهوذا وادّعوا ان يسوع قد قام من الموت (٢١٨) . اما الملائكة فأعادت يسوع الى الارض لتعزية مريم والتلاميذ ، وليخبروهم ان ينتظروا مجيء محمد (ص) (٢٢٠) .

ثم حملت الملائكة يسوع ثانية الى السماء ، ولكن تلاميذه خدعوا الناس وأوهموهم انه قد مات وقام ثانية. وكثيرون مثل بولس يدّعون انه كان ابن الله (٢٢٢).

ان حسن سبك المؤلف لهذا الذى يسمى انجيل برنابا واضح ، والمؤلف المزعوم " برنابا " قد استُبدِلَ بتوما في قائمة التلاميذ الاثني عشر (١٤) ، ويعطي يسوع دور يوحنا المعمدان الذى يتنبأ بعد ذلك بمجيء محمد (ص). ويقتبس المؤلف بحرية تامة من الاناجيل القانونية ويحشر عن قصد التقاليد الاسلامية عن المائة والاربعين الف نبي (١٧) ، وسقوط الشيطان (٣٤) ، والختان (٢٢) ، وتدنيس الكتاب المقدس (١٢٤). وقد استبدل باعث الخوف الذى يسيطر على الاسلام في مكان المحبة ، كما يضيف بحوثا فلسفية مسهبة تتناول طبيعة الله ، وقهر الجسد لخلاص النفس ، والقضاء والقدر وما بعد هذه الحياة.

من اخطاء المؤلف الواضحة في هذا الانجيل المزعوم ، جهله الواضح لطوبرغرافية فلسطين. ففي القسم العشرين يقول ان " يسوع ذهب الى بحر الجليل واقلع بالسفينة الى مدينة الناصرة. ثم ينتهر العاصفة " وعندما وصل الى الناصرة طاف البحّار في المدينة مخبرا الناس عما فعله يسوع ". ان كل طالب عالم بجغرافية الاراضي المقدسة يعرف ان الناصرة تقع على تلال الجليل ، وترتفع ١٣٠٠ قدم عن سطح البحر ، بينما بحر الجليل ينخفض ٦٠٠ قدم تحت سطح البحر. من الواضح ان مؤلف انجيل برنابا هو ليس التلميذ برنابا المذكور في العهد الجديد ، وانما هو شخص ايطالي اعتنق الاسلام ولم يسافر قط الى الاراضي المقدسة.

يناقض انجيل برنابا القرآن والعهد الجديد معا في عدة أمور. من هذه انه يرفض ان عيسى هو المسيا أي المسيح. فان القرآن أكد هذه الحقيقة كما جاء في سورة آل عمران : " اسمه المسيح عيسى ابن مريم ". ويختلف كذلك مع القرآن عندما يدّعي ان يسوع يأتي من نسل اسماعيل لا من نسل اسحق. واخيرا عندما يعطي دور يوحنا المعمدان ليسوع ، فهو في ذلك يناقض بوضوح القصة القرآنية التي تميّز بين الاثنين. فقد جاء في سورة آل عمران : " ان الله يبشّرك (يا زكريا) بيحيى(يوحنا) مصدّقا بكلمة من الله (يسوع) ".

من الواضح ان ما يسمى انجيل برنابا مجرّد تزوير كُتب لدعم آراء المسلمين التقليدية التي تطوّرت بعد حياة محمد (ص) عن حياة يسوع. وبما انه يناقض كلاً من القرآن والكتاب المقدس فهو لذلك لا يصلح لان يكون موضوع بحث في الحوار المسيحي الاسلامي. وليس من الضروري ذكر وجوده للمسلم. اما اذا ذكره هو فأخبره انك عالم بمحتوياته وأوضح له انه يناقض كلاً من القرآن والكتاب المقدس. وستكتشف على الغالب انك تعرف عن هذا الانجيل اكثر مما يعرف عنه صديقك المسلم.

شجّعه ليدرس معك تاريخ الانجيل الصحيح ، ويسوع المسيح نفسه وتاريخ حياته

المسجل في الاناجيل الاربعة القانونية والتي تشهد له. ابدأ بميلاد يسوع ثم ادرس معه الموعظة على الجبل. اما الاسئلة والتعليقات التي تثار فستكون اساسا لمتابعة الحوار.

٥ ــ هل تؤمن ان القرآن هو كلام الله ؟

يحترم المسلم القرآن احتراما عظيما. ولتلاوته باللغة العربية قوة تأسر قلب المستمع. ويحفظ المسلمون في العديد من البلدان، اقساما منه باللغة العربية غيبا، مع أنهم لا يفهمون معناها. قليلون هم المسلمون الذين يقولون انهم يفهمون القرآن. وبالنسبة للعديد من المسلمين، صوت تلاوته مقدس كمعناه، ولذلك يجب ان يكون المسيحي حريصا، فلا يكتب شيئا على نص القرآن، ولا يضعه على الارض لئلا يُغضب المسلم. كما اننا يجب ان نتعامل مع الكتاب المقدس بنفس الاحترام بحضور المسلم.

أفضل جواب لبق لهذا السؤال يمكن ان يكون " القرآن كلام الله بالنسبة لك وانا احترم ايمانك". السؤال صعب بالنسبة للمسيحي، وخصوصا ان كان قد قرأ القرآن وفهم النواحي التي تتناقض جوهريا مع الكتاب المقدس. اذا ضغط المسلم اكثر، اجبه بقولك : " انني استطيع ان اسلّم بكل ما في القرآن ما دام يتفق مع الكتاب المقدس، لان القرآن يصرّح بأنه يصادق على ما جاء قبله في التوراة والانجيل، كمسيحي يتوجّب عليّ ان اؤمن بوحي كتابي ". وحي القرآن جاء مما انزله الله قبله. يشهد على ذلك ما جاء في سورة آل عمران : " نزّل عليك الكتاب بالحق مصدّقا لما بين يديه وأنزل التوراة والانجيل من قبل هدى للناس ". وما جاء في سورة فصّلت : " ما يقال لك الا ما قد قيل للرسل من قبلك ". أستطيع ان اؤكد للمسلم ان الله لا يناقض نفسه، ثم أشجّعه ليدرس الكتاب المقدس معي لكي نتمكن نحن الاثنين من معرفة ارادة الله لحياتنا. كن قدوة ومثالا للمسلم بكونك طالبا للعلم تدرس القرآن والكتاب المقدس. اذا لم يكن لديه كتاب مقدس أعطه نسخة بلغته. شجّعه لكي يقرأ ويسأل اسئلة لزيادة الايضاح.

ج : فيما يتعلّق بالثالوث الاقدس

١ ــ لماذا يؤمن المسيحيون بثلاثة آلهة ؟

ان رد فعلنا المباشر على هذا السؤال قولنا " اننا لا نؤمن بثلاثة الهة، ولكننا نؤمن باله واحد يعلن نفسه بثلاثة اقانيم ". ان طبيعة الله هي جوهر الحوار بين المسلم والمسيحي. فبالنسبة للمسلم الله واحد لا يتجزأ، حتى عندما يعلن نفسه للبشر. فهو ملك ذو سلطان، صلته بالبشر كعبيده، ولا يستطيع الانسان ان يتصل به شخصيا، بل عليه ان يخضع لارادته المطلقة. فالخوف من عدالة الله الصارمة هو الشعور الاساسي في الاسلام لا محبة الله. بينما نرى نحن الله اله محبة يرغب في الاعلان عن نفسه لأولاده العصاة بواسطة التوبة والايمان بالمسيح كاعلان الله عن نفسه.

يستطيع الانسان ان يستعيد شركته مع خالقه ، فالله محبّة ويرغب في محبة طوعية مقابلة٠

اننا نفترض ان سوءال المسلم يشير الى الاقانيم الثلاثة " الاب والابن والروح القدس " ولكنه ليس كذلك٠ ففهم القرآن لما يوءمن به المسيحيون عن الثالوث الاقدس يختلف كليا كما يظهر في سورة المائدة :

"واذ قال الله يا عيسى ابن مريم انت قلت للناس اتّخذوني وامي إلهين من دون الله ، قال سبحانك ما يكون لي ان اقول ما ليس لي بحق" ٠

فالثالوث الذى يشير اليه القرآن ، والذى رفضه يسوع ، يتألف من الله ومريم ويسوع ، وهذا غير الاقانيم الثلاثة ، الاب والابن والروح القدس٠

ان سموّ مكانة مريم في العبادة والايقونات التي كانت في الكنائس البيزنطية ، ربما قادت الى الافتراض بأنها مساوية ليسوع وانها تعبد كاله معه٠ ان صيغة قانون الايمان الخلقدوني (سنة ٤٥١ م) أعطت مريم لقب " حاملة الله " او والدة الاله٠ وبالنسبة للقرآن أن الايمان بأي شخص مع الله يعتبر كفراً وخطيئة لا تغتفر٠ انه شرك بالله٠ ونحن ايضا نتفق مع محمد (ص) ، لان يسوع لم يقصد قط ان نوءمن به وبمريم كالهين٠ فالعبادة لله وحده بواسطة يسوع المسيح ، وقيادة الروح القدس٠ ومن الضرورى ان نصف فهمنا لله الاب والابن والروح القدس بطريقة شخصية٠ لانه اذا لم يكن لفهمنا معنى شخصي فمن الافضل ان نتجنّب استعمال هذه الامور مع المسلم٠ وان كنا متواضعين واعترفنا له بعدم فهمنا هذا السر الغامض فكم بالحري يجب الا نحاول فرض هذه المفاهيم على المسلم قبل ان يكون مستعدا لقبولها٠ ان عجزه عن فهم روابط المحبة في الثالوث الاقدس ناجم عن رفضه موت يسوع على الصليب٠ وهذا سنشرحه في القسم " د : فيما يتعلّق بالصليب " ٠

٢ ــ كيف تستطيع ان تقول ان يسوع هو ابن الله ؟

الله لا ابن له٠ ان رفض المسلم لبنوّة يسوع لله يعتمد على عدة آيات في القرآن منها سورة الجن :

" وانه تعالى جَدُّ ربنا ما اتّخذ صاحبة ولا ولدا "

سورة الاخلاص :

" قل هو الله احد ، الله الصمد ، لم يلد ولم يولد ولم يكن له كفوءا احد" ٠

سورة المائدة :

" لقد كَفَرَ الذين قالوا ان الله هو المسيح ابن مريم " .

لقد رفض محمد (ص) معتقدات العرب الوثنيين الذين آمنوا ان لله ابناء ، لذلك عندما سمع مسيحيّي زمانه يدعون المسيح ابن الله ومريم والدة الاله صرّح في سورة مريم :

" ما كان لله ان يتّخذ من ولد سبحانه اذا قضى أمرا فانما يقول له كن فيكون " .

لقد عبّر القرآن عن شعور العديد من المسيحيين عندما يواجهون بمعجزة الميلاد من عذراء . هذا سر غامض لا تفسير له . انه عمل الله بواسطة الروح القدس ، ولم يكن بالتأكيد نتيجة علاقة جسدية بين الله ومريم . لقد انكر القرآن ذلك كما انكره المسيحيون . ويظهر هذا بجلاء في سورة النساء :

" يا اهل الكتاب لا تغلوا في دينكم ولا تقولوا على الله الا الحق . انما المسيح عيسى ابن مريم رسول الله وكلمته القاها الى مريم وروح منه . فآمنوا بالله ورسله ولا تقولوا ثلاثة ، انتهوا خيرا لكم ، انما الله اله واحد سبحانه ان يكون له ولد . "

في اللغة العربية كلمتان هما " ولد وابن " ، والكلمة العربية المستعملة في القرآن هي كلمة " ولد " التي تعني المولود نتيجة لزواج رجل من امرأة . لقد رفض القرآن هذه الفكرة المستكرهة بالنسبة لميلاد يسوع لانها تنطوي على المعتقد الوثني ، بتناسل الالهة . ولسوء الحظ ، شوّش مسيحيو ذلك العصر هذا الامر عندما صاروا يدعون مريم بلقب والدة الاله او ام الله ، لان هذا يعني حسب التفكير الاسلامي ان المسيحيين يؤمنون انها قد ولدت الهًا ، او ان الله قد اتّخذ له ولدا . ولا يزال المسلمون حتى يومنا هذا يعتقدون ان المسيحيين يستعملون التعبير " ابن الله " كتسمية لعلاقة جسدية بين يسوع والله . لذلك من المفضّل تحاشي استعمال هذا الاصطلاح " ابن الله " عند بدء المحادثة مع أي مسلم . في انجيل لوقا الاصحاح الاول والعدد الخامس والثلاثين توضيح لهذا الاصطلاح :

" الروح القدس يحلّ عليك وقوة العلي تظللك فلذلك ايضا القدوس المولود منك يدعى ابن الله " .

يؤكد العهد الجديد ان مريم حبلت بيسوع ثم ولدته نتيجة لحلول الروح القدس عليها ، كما يؤكد القرآن ذلك أيضا ، ولم يكن نتيجة لعلاقة جسدية . لذلك يستعمل العهد الجديد كلمة "ابن" لا كلمة "ولد" . فكلمة ابن هي تسمية لعلاقة مشابهة لتلك المستعملة في العهد القديم . هناك الابن هو ذلك الذي يتمتع بعلاقة

فريدة مع الاب • الابن هو الذى يقوم بتنفيذ وصية الاب وتتميم مقاصده ، ولذلك فهو يحتل مكانا فريدا وساميا بالنسبة لاعلان الله • يُدعى يسوع ابن الله بسبب علاقته مع الله بواسطة الروح القدس• فهو لم يكن ولدا طبيعيا لله • وتسميته "ابن الله" تصف علاقته مع الله بواسطة الروح ابقدس• المفتاح المهم لفهم ولادة يسوع من عذراء وبنوته لله هو الروح القدس• وعندما نفسّر ذلك بهذه الطريقة يقبل المسلم البنوّة كعلاقة طاعة للآب السماوي • هذه العلاقة يشرحها يوحنا في انجيله ٥ : ٣٠ حيث يقول :

" انا لا اقدر ان افعل من نفسي شيئا ، كما اسمع أدين ، ودينونتي عادلة ، لاني لا اطلب مشيئتي بل مشيئة الاب الذى ارسلني " •

هذا هو الخضوع والاسلام الصحيح ، لذلك يسمي المسيحيون يسوع "ابن الله " لانه كان مطيعا لله ، ابيه السماوى ، بواسطة قوة الروح القدس• فنحن نكرمه ، كما يكرمه اصدقاوءنا المسلمون عندما يتلون من سورة آل عمران :

" اذ قالت الملائكة يا مريم ان الله يبشرك بكلمة منه اسمه المسيح عيسى ابن مريم وجيها في الدنيا والآخرة من المقرّبين " •

سيوافق المسلم على انه يمكن ان نكون جميعا اولاد الله بانتسابنا الى آدم ، ولكنّ يسوع كان فريدا ، لانه ولد من روح الله ، وبسبب ذلك ، فنحن جميعا نستطيع ان نصير ابناء الله ، بواسطة الايمان بالمسيح ، وذلك عندما نتوب عن خطايانا او نقبل الروح القدس في قلوبنا • ان ضعفنا العام كمخلوقات بشرية هو جنوحنا الى خطيئتيّ الكبرياء والتمرّد اللتين تمنعاننا من عمل مشيئة الله•

ان الخطيئة هي تحريف لصورة الله في الانسان ، والمسلم يفهم هذا كمشكلة عالمية لنوايا الانسان• يسوع وحده يستطيع ان يمنحنا الروح القدس الذى يزيل الكبرياء والتمرد من قلوبنا ، ويساعدنا لنعمل مشيئة الله• وهذا في الختام يدور حول فهم الصليب ، الذى سنشرحه في القسم (د) •

من المعترف به ان التفسير المذكور اعلاه يلائم المسلمين الذين يتكلمون اللغة العربية وهو احدى الوسائل لمعالجة سوءال مهم جدا • ولكنه يساعد ايضا بالنسبة للمسلمين ذوى الخلفية الايرانية •فمعظم المسلمين يعرفون اللغة العربية معرفة كافية بسبب دراستهم للقرآن ليفهموا الفروقات في الاصطلاحات العربية المستعملة•

٣ــ يسوع مجرّد نبي

يفهم المسلم من القرآن أن جميع الانبياء كانوا بلا خطيئة او انهم لم يكذبوا ابدًا فيما اوءتمنوا عليه• وجاء في سورة آل عمران "وما كان لنبي ان يَغُلّ" • يقابل

ذلك الفكرة التي تقول بانهم كانوا جميعهم بشرا ، كغيرهم من الناس، سورة ابراهيم " ان نحن الا بشر مثلكم " ولذلك يقول المسلم ، ان يسوع لم يكن مختلفا عن غيره من الانبياء الذين اتوا برسالة الله الى الناس.

ونحن بدورنا نستطيع ان نسأل : هل كان يسوع مجرد نبي ام انه كان اكثر من نبي ؟ في القرآن دلالة قوية على انه كان اكثر من نبي كما ظهر في سورة المائدة : " اذ قال الله يا عيسى ابن مريم اذكر نعمتي عليك وعلى والدتك اذ أيّدتك بروح القدس. تكلّم الناس في المهد وكهلا ، واذ علّمتك الكتاب والحكمة والتوراة والانجيل ، واذ تخلق من الطين كهيئة الطير باذني فتنفخ فيها فتكون طيرا باذني ، وتُبرىء الاكمهَ والابرص باذني ، واذ تخرج الموتى باذني " .

يسوع فريد حقا في القرآن . شجّع صديقك المسلم ليوءمن بما يقوله القرآن عن يسوع . كيف ولد من عذراء ، كيف شفى المريض واقام الميت ، وكيف فضّله الله على جميع الانبياء . وحسب التقليد الاسلامي ، يسوع وحده الحي في السماء . شجّعه ليقرأ الفصول المشابهة لذلك في الاناجيل وعندها سيصل بنفسه الى استنتاج ما اذا كان يسوع نبيا او اكثر من نبي . بعض المسلمين يصلون الى الاستنتاج بأن يسوع كان فريدا حقا بعد دراسة القرآن .

د : فيما يتعلّق بالصليب

لماذا تقولون ان يسوع مات على الصليب ؟
انه لم يمت ولكن شخصا آخر حل مكانه .
ان موت يسوع على الصليب ، هو المشكلة الرئيسية في الحوار بين المسيحي والمسلم . الصليب هو محور تاريخ المسيحية . فبدون الصليب لا يمكن ان تكون قيامة ، وبدون القيامة " باطل ايضا ايمانكم " (رسالة بولس الرسول الاولى الى اهل كورنثوس ١٥ : ١٤) .

لقد رأينا كيف ان شعور المسلم نحو الخطيئة يضعف بسبب عدم فهمه ان الخطيئة انحراف في نية الانسان . هو يوءمن ان بامكان الانسان ان يفعل خيرا وبذلك يسرّ الله. ان انكار الصليب هو في الواقع عدم الاعتراف بان الانسان خاطىء ومقصّر عن شبه الله. لا يحتاج الانسان بموجب الاسلام الى مخلص غير الله. والله الذى يملك القدرة ليغفر لا يصير بالتأكيد انسانا ليخلّص بني البشر.

من المعروف ان اغلبية المسلمين لم يفكروا بمضمون انكارهم لموت المسيح على الصليب. ليس لنا ان نلومهم لانهم وُلدوا في نظام ينكر صليب المسيح. لذلك يقع العبء على المسيحي ليدلي للمسلم بحقيقة الصليب بطريقة تمكن المسلم من الوصول الى فهم جديد لمحبة الله المعلنة بصليب المسيح.

يستند انكار المسلم لموت يسوع على الصليب الى ما جاء في سورة النساء :

" وقولهم انا قتلنا المسيح عيسى ابن مريم رسول الله وما قتلوه وما صلبوه ولكن شُبّه لهم وان الذين اختلفوا فيه لفي شك منه ما لهم به من علم الا اتباع الظن وما قتلوه يقينا بل رفعه الله اليه وكان عزيزا حكيما " .

التفسير الاسلامي التقليدى لهذه الايات يعلّم ان الله لا يسمح بأن يُصلب نبي بلا خطيئة كيسوع . لذلك خدع اليهود بأن وضع شبه يسوع ومنظره على يهوذا الاسخريوطي او سمعان القيرواني او شخص ما من الجمع ، فصُلب هذا الشخص بدل يسوع ، ورفع الله يسوع اليه . فهو حي في السماء ، وسوف يعود الى الارض في يوم من الايام ليتزوج وينجب اولادا ، وبعد ذلك سيموت ويدان مع غيره من الناس .

يدّعي المسلم ان هذا التفسير يحفظ كرامة يسوع وعدالة الله في آن معا . ولكن ان كانت هذه صورة منعكسة لتعبير محنّك عن مسيحية بلا صليب ، عندها يتحقق المرء ان هذا يقوّض القاعدة الاساسية للانجيل .

ان جدال المسلم حول وضع انسان آخر مكان يسوع على الصليب يتعلّق بتفسير تلك الجملة المبهمة الغامضة " ولكن شبّه لهم " . والمسلم يردّد هذا القول في اللغة العربية في أية محادثة عن الصليب . فهو يقبل عادة التفسير التقليدى لهذه الآية دون أى سؤال ، ولا يدرك ان هذا التفسير يتعارض مع آيات عديدة في القرآن تقول ان يسوع قد مات . فشجّعه ليدرس هذه الايات الاخرى في القرآن :

اولا :
سورة مريم " والسلام عليّ يوم ولدت ويوم أموت ويوم أبعث حيا " . فبحسب ما جاء في القرآن نطق الطفل يسوع بهذا السلام على نفسه ويظهر فيه بوضوح انه سيموت قبل ان يبعث حيّا .

ثانيا :
سورة آل عمران " اذ قال الله يا عيسى اني متوفيك ورافعك اليّ " . ففي هذه الاية يؤكد القرآن ان يسوع سيتوفّاه الله ثم يرفعه اليه .

ثالثا :
في سورة المائدة يقول يسوع " فلما توفّيتني كنت انت الرقيب عليهم " . وهذه الفكرة قريبة جدا من الفكرة المعبّر عنها في سفر اشعياء ٥٣:٤ عن المسيح " ونحن حسبناه مضروبا من الله " . واخيرا فان امكانية موت يسوع تظهر في سورة المائدة " لقد كفر الذين قالوا ان الله هو المسيح ابن مريم . قل فمن يملك من الله شيئا ان اراد ان يهلك المسيح ابن مريم " .

هنا يرفض القرآن الفكرة القائلة بان مريم هي والدة الله ، ويوضح ان قصد الله لا يمكن ان يخيب حتى ولو هلك المسيح او صلب ، اى ان الله قادر ان يقيم يسوع من الموت.

جميع هذه الايات ، تلقي ضوءا على القول الغامض الذى جاء في سورة النساء ، لانها تظهر ان اليهود ظنوا انهم قد قتلوا المسيح عندما صلبوا يسوع . ولكن الله لم يسمح بأن ينتصروا في هذا العمل الشرير . ولم يدركوا انهم وهم يفعلون ذلك كانوا في الواقع يتممون خطة الله بموت يسوع لاجل خطايا جميع الناس. وكان الله مسؤولا بطريقة لا يدركها العقل عن موت يسوع ، لانه لو اراد لاستطاع ان يخلصه من الموت . لقد انتصر الله على الصليب عندما اقام يسوع من بين الاموات. وسيأتي اليوم الذى يؤمن فيه كل أهل الكتاب كما جاء في سورة النساء :

" وإن من أهل الكتاب الا لَيُؤْمِنَنَّ به قبل موته ويوم القيامة يكون عليهم شهيدا ".

يجب تشجيع المسلم ليقرأ هذه الايات من سورة النساء. وبامكانك ان تسأل الى من يشير القرآن عندما يورد في سورة النساء : " وما قتلوه وما صلبوه " والجواب الواضح من القرينة " اليهود " فهذه الايات تؤيد انتصار الله على الصليب عندما أقام يسوع ورفعه اليه. ولم يقصد بها أبدا أن تستعمل ضد اعتقاد المسيحيين بأن يسوع قد مات على الصليب من اجل خطايا العالم . ان استعمال هذه الايات قد حرم الملايين من المسلمين من معرفة موت يسوع لاجل خطاياهم ، وسبّب انقسامات لا ضرورة لها بين المسيحيين والمسلمين عبر الاجيال .

ان المسلمين الذين يقرأون ويفهمون معنى الايات المذكورة اعلاه يواجهون معضلة في التوفيق بين موت يسوع وما جاء في تلك الايات " وما قتلوه وما صلبوه ولكن شبّه لهم ".

ان اللجوء الى فكرة النسخ والتدّرج في الاعلان الالهي لا ينفع ، لان ذلك يعني الغاء العديد من الايات التي تتعلق بموت يسوع ، وتجاهل شهادة العهد الجديد لتلك الحقيقة.

هناك حل ممكن لهذه المعضلة في القول المبهم " ولكن شبّه لهم ". ان المعلّقين المسلمين لم يتمكنوا من الاتفاق على ما ظهر لليهود على الصليب فجعلهم يعتقدون انهم قد قتلوا المسيح. وبدل ان اضغط على المسلم فيما يظهر كنقطة خلاف في القرآن اقترح عليه ان يعود معي الى الكتاب المقدس لشرح هذه النقطة ، لان الكتاب المقدس يكشف بوضوح ما غيّر مظهر يسوع وهو على الصليب.

من المعروف ان التفسير التالي لا يتفق مع تفسير المسيحي الاعتيادى لما حدث على الصليب. ويجب ان نتأكد على كل حال ان فكرة " ولكن شُبّه لهم " راسخة في اعماق المسلم الباطنية. كانت أمه تهمس بها في اذنيه منذ الطفولة. الطريقة التالية برهنت على مدى فعاليتها في مساعدة المسلم ليفهم امكانية الصليب بطريقة جديدة. التفسير الاسلامي التقليدى هو ان مظهر يسوع او شبهه وقع على شخص آخر ، فصُلب ذلك الشخص بدل يسوع. البديل التالي يستعمل الاصطلاح القرآني "شبّه" ولكنه لا يناقض معنى الكتاب المقدس. وسأتتبع الفكرة خلال الكتاب المقدس لاساعد المسلم ليرى ان يسوع قد مات حقا على الصليب من اجله وها هي الطريقة.

ماذا حدث بالفعل على الصليب ؟ يخبرنا إشعياء النبي ان منظر مسيا قد تشوّه بحيث استحال التعرف عليه " اشعياء ٥٢:١٤ " "كما اندهش منك كثيرون ، كان منظره كذا مفسدا اكثر من الرجل وصورته اكثر من بني آدم". ويتابع النبي ليصف ما شوّه منظر مسيا ، " اشعياء ٥٣:٤ ــ ٥ " ولكن أحزاننا حملها واوجاعنا تحمّلها ونحن حسبناه مصابا ، مضروبا من الله ومذلولا ، وهو مجروح لاجل معاصينا مسحوق لاجل آثامنا ".

كما يُكثر بطرس الرسول من الاقتباس من سفر اشعياء الاصحاح الثالث والخمسين عندما يصف الام المسيح في رسالته الاولى ٢:٢٢ ــ ٢٤ " الذى لم يفعل خطيئة ولا وجد في فمه مكر ، الذى اذ شُتِمَ لم يكن يشتم عوضا واذ تألم لم يكن يهدّد بل كان يسلم لمن يقضي بعدل ، الذى حمل هو نفسه خطايانا في جسده على الخشبة لكي نموت عن الخطايا فنحيا للبر ، الذى بجلدته شفيتم ".

ليس من الغريب ان يقتبس كتبة العهد الجديد ما لا يقل عن ثلاثين مرة من سفر اشعياء الاصحاحين الثاني والخمسين والثالث والخمسين عندما كتبوا عن موت يسوع. يقول هنرى شايرز في كتابه " استكشاف العهد القديم في العهد الجديد" :

"يمكن ذكر العديد من الاقتباسات المشابهة الا أن هذه تكفي لتوضيح انه عندما فتّش كتاب العهد الجديد عن طرق لتفسير حياة وموت يسوع استخدموا كل الايات تقريبا التي ترد في مقطع "العبد المتألم" الرئيسي من سفر أشعياء النبي".

يعلن الكتاب المقدس ان مظهر المسيح قد تشوّه بحيث استحالت معرفته بسبب تألمّه من أجل خطايانا. وقد ظهر وكأن الله قد أهلكه. وهذا قريب جدا من معنى ما جاء في سورة النساء. فان مظهر يسوع وشبهه قد تغيّر بحيث تعذّر على البشر معرفته بسبب الامه من اجل خطايا البشر.

الترجمة العربية للعهد الجديد تستعمل كلمة شِبْه في العديد من الايات التي تشير الى الام يسوع وقد استعملت هذه الكلمة بطرق مختلفة لتصف موت يسوع على الصليب .

يروى لنا كاتب الرسالة ان العبرانيين في الاصحاح الثاني سبب الام وموت يسوع . لقد ذاق الموت كالبديل الكامل عن البشرية . لقد كمّل بواسطة الالم واصبح شريكا في الطبيعة البشرية حتى يستطيع ان يبيد قوة الشيطان الذى له سلطان الموت بواسطة موته (الرسالة الى العبرانيين ٢ : ١٤) كما نقرأ ايضا في الرسالة الى العبرانيين ٢ : ١٧ ما يلي :

" ثم كان ينبغي ان يُشبه اخوته في كل شيء لكي يكون رحيما ورئيس كهنة امينا في ما لله حتى يكفّر خطايا الشعب . "

يشبه يسوع اخوته اليهود في الطبيعة البشرية لكي يتمم خطة الله . اما في موته الفدائي فهو اكثر من انسان . لقد كان رئيس كهنة قادرا ان يدفع عقاب الخطية عن جميع البشر بواسطة سفك دمه لانه كان انسانا كاملا . لذلك أقامه الله وكلله بالمجد والكرامة (الاية ٩) .

المسلم الذى يقبل الصليب كحدث تاريخي يمكنه ان يتقبل مفاهيم فداء المسيح . ففدية الدم ما زالت قسما من الاعمال المألوفة في الطقوس الاسلامية التي تجرى في عيد " الاضحى " والحج حيث تذبح الوف الخراف والماعز .

هناك آية أخرى في العهد الجديد تكشف لنا ان شبه المسيح كان جسدا خاطئا وخطية لكي يستطيع بموته ان يحررنا من ناموس الخطية والموت (رسالة بولس الرسول الى اهل رومية ٨ : ١ — ٤) " اذ لا شيء من الدينونة الان على الذين هم في المسيح يسوع السالكين ليس حسب الجسد بل حسب الروح . لان ناموس روح الحياة في المسيح يسوع قد اعتقني من ناموس الخطية والموت . لانه ما كان الناموس عاجزا عنه في ما كان ضعيفا بالجسد فالله اذ ارسل ابنه في شبه جسد الخطية ولاجل الخطية دان الخطية في الجسد لكي يتمم حكم الناموس فينا نحن السالكين ليس حسب الجسد بل حسب الروح " .

يسوع هو الشخص الذى كان بامكانه ان يموت من اجل خطايانا ، لانه هو الوحيد الطاهر ، بلا خطية ، والمولود من روح الله ، الذى يسكن فيه روح الله .

لقد أُعلنت عدالة الله لا بالهرب من الصليب ولكن بدينونة المسيح للخطية عندما حمل خطايانا في جسده عندما مات من اجلنا . وبالطبع هذا سر غامض لا يفهمه

المسلم الا عندما يستنير قلبه بواسطة الايمان بالمسيح وموته على الصليب.

ثم هناك آية اخرى تستعمل فيها كلمة " شبه " في النص العربي في ذلك المقطع الرائع الذى يتحدّث عن مجد الله في يسوع المهان ، والذى ستنحني له كل ركبة (رسالة بولس الرسول الى اهل فيليبي ٢ : ٦ — ٧)

" الذى اذ كان في صورة الله لم يحسب خلسة ان يكون معادلا لله لكنه اخلى نفسه آخذا صورة عبد صائرا في شبه الناس ، واذ وجد في الهيئة كانسان وضع نفسه واطاع حتى الموت موت الصليب".

هنا نرى ايضا ان شبه يسوع كان شبه انسان ، خادم الله الحامل خطايا البشرية. لقد كان مستعدا ان يخضع لمشيئة الله لذلك رفعه الله (فيليبي ٢ : ٩) او كما يقول القرآن انه مكرّم في هذه الحياة والحياة الاتية " وجيه في الدنيا وفي الاخرة". لذلك جاء في رسالة الرسول بولس الى اهل فيليبي ٣ : ٩ وفي سورة النساء ان الله " رفعه اليه ". فالاسلام الصحيح او الخضوع لارادة الله نجده في التواضع واطاعة يسوع المصلوب.

واخيرا كان الشبه على الصليب صورة للموت. لقد اتّحد يسوع بالناس ، بخطية كل انسان وموته ، عندما مات على الصليب. ويرمز لهذا الموت في عملية تعميد المؤمن حسبما جاء في الرسالة الى رومية ٦ : ٥ :

" لانه ان كنا قد صرنا متحدين معه بشبه موته نصير ايضا بقيامته".

المسيحي والمسلم كلاهما يأملان ان يشتركا في هذه القيامة. والقول بيوم الدينونة (يوم الدين) هو من التعاليم الهامة في الاسلام. ان كل من يفهم ما فعله يسوع على الصليب ويقبل موته لاجل خطاياه ، يمكنه ان يكون شريكا له بموته. واننا بالايمان بالمسيح نقبل نفس الروح الذى اقامه من الموت (رسالة بولس الرسول الى اهل رومية ٨ : ١١). هذا هو السر الغامض في " شبّه لهم " المدونة في سورة النساء.

ان فهم هذا اللغز يمكن ان يوّحد المسيحي والمسلم بواسطة الحوار. في رسالة بولس الى اهل رومية ٨ : ٢٩ يدعو جميع الناس ليكونوا مشابهين صورة ابنه ليكون هو بكرا بين اخوة كثيرين ".

فالحوار الصحيح سيقتادنا الى فهم جديد للمسيح ، وسيوحّدنا كأخوة ، لان الحوار الصحيح يفتح سبيلا جديدا للروح الذى يوحّدنا ويمكّننا من تفسير تلك الحقائق التي كانت تفصلنا عن بعضنا البعض تفسيرا جديدا.

لقد أظهرت التجربة ان بالامكان ايصال المسلم الى فهم جديد للصليب بواسطة توضيح الاختلاف في عمل جسد يسوع وعمل الروح . والآيتان اللتان توضحان ذلك هما :

١) انجيل لوقا ٢٣:٤٦ " ونادى يسوع بصوت عظيم وقال يا ابتاه في يديك استودع روحي . ولما قال هذا اسلم الروح " .

٢) رسالة بطرس الاولى ٣:١٨ " فأن يسوع ايضا تألم مرة واحدة من اجل الخطايا ، البار من اجل الاثمة ، لكي يقرّبنا الى الله ، مماتا في الجسد ولكن مُحيى في الروح " .

لقد حمل يسوع خطايانا في جسده على الصليب ، ولكنه اسلم روحه لله . يقول بطرس في رسالته الاولى ٢:٢٤ " الذى حمل هو نفسه خطايانا في جسده على الخشبة " . رأينا ان جسده قد تشوّه حتى صعب التعرف عليه بسبب الخطية والالم كما جاء في سفر أشعياء ٥٢:١٤ . لقد اسلم روحه لله ، ونفس هذه الروح عادت اليه واقامت جسده الميت في اليوم الثالث . اننا نتفق مع المسلم " انه حيّ في السماء " . وبما انه في السماء فبأمكانه ان يرسل الروح القدس من الله لكل من يؤمن حسب وعده في انجيل يوحنا ١٤:١٦ .

لقد كان البحث السابق فعالا في شرح الصليب للمسلم الذى يعرف اللغة العربية فكان تعليق البعض منهم : " لاول مرة في حياتي أفهم ما حدث على الصليب " . ومن الممكن ان تتّخذ اسلوبا آخر يتلائم مع فهمك الشخصي للصليب ، فان شهادتك الشخصية عن كيفية فهمك للصليب يمكن أن تؤثر فيه تأثيرا كبيرا . من المهم ان يتناول البحث حقائق روحية تتمشى مع أشكال فكر المسلم . من الضروري ان يؤمن المسلم بحقيقة موت المسيح قبل ان يتمكن من فهم المضمون الروحي لموت المسيح من أجله . بعد هذا فقط يصبح للاصطلاحات "ابن الله" و "مخلّص" و "رب" معناها الصحيح بالنسبة له . من الافضل إطلاع المسلم على هذه الايات على مدى عدة جلسات اذ من الصعب ان يستوعب معناها في جلسة واحدة . وستجد في عملية الحوار ان اراءك حول وحدانية الله وعلاقتها بيسوع والروح القدس قد واجهت التحدّي وتوضّحت . وتبدأ برؤية مضمون جديد لوحدانية الله في الكتاب المقدس لم تكن تراها سابقا . وسيصبح للغز الصليب والقيامة معنى جديد عندما ينير الروح القدس ذهنك . وبكلمات اخرى ستنمو عن طريق الحوار مع صديقك المسلم .

ه : فيما يتعلّق بالكنيسة

١ ــ لماذا انقسمت الكنيسة على نفسها ؟

يسأل المسلم هذا السؤال فيقصد به اللوم من جهة والتعبير عن حيرته من الجهة الاخرى . اما اللوم فبسبب انقسام المسيحية . من المعروف ان المسلم يتغاضى عادة عن الانقسامات العديدة في المجتمع الاسلامي ولكنه يتمسّك في حواره مع

المسيحي بقوله " ان الله واحد ولذلك يجب ان يكون شعبه واحدا .

اما حيرته فتظهر عندما يرى مدى استقلال المسيحيين الغربيين حتى ضمن بعض الطوائف . وما يحيّره فعلا اسماء الكنائس المختلفة في نفس الشارع . ان الانقسام بين الطوائف يدعم اعتقاده بأن الله يسمح بالخصام لكي يميّز المؤمنين من غير المؤمنين كما نرى في سورة هود " ولو شاء ربك لجعل الناس أمة واحدة ولا يزالون مختلفين الا من رحم ربّك ولذلك خلقهم وتمّت كلمة ربك لاملأن جهنم من الجِنة والناس اجمعين " .

لا يرى المسلم الطوائف في اطارها التاريخي . كما انه غير معتاد ايضا على الحرية في التعابير المختلفة الموجودة في الكنائس الغربية . كما ان منازعات بعض المسيحيين الطفيفة حول بعض النقاط اللاهوتية الدقيقة تزيد من حيرته .

عندما يجد ممثلو الطوائف المتنازعة انفسهم اقلية عديمة الاهمية في بلاد اسلامية يكتشفون ان من الافضل الا ينغمسوا في خلافات مريبة حول امور غير جوهرية .

ان خطوط الانقسامات اللاهوتية بين الطوائف المسيحية في الشرق الاوسط دقيقة واكثر تعقيدا مما هي عليه في الولايات المتحدة . فالقواعد اللاهوتية التي خلقت الانقسامات فيما بين الكنائس في الشرق الاوسط في القرنين الثالث والرابع ما زالت تتلى في صلوات هذه الكنائس في القرن العشرين ، وهذا يعني انك اذا تكلمت عن يسوع مع مسلم بحضور مسيحيين ينتمون الى الكنائس التقليدية فانك تجد هوءلاء المسيحيين يختلفون فيما بينهم حول طبيعة المسيح . فيرى المسلمون في ذلك تأكيدا لاعتراضات القرآن على الجدل المسيحي حول طبيعة المسيح في الثالوث الاقدس .

فاذا اتّخذنا هذا التحذير في الحسبان وجب علينا كمسيحيين ان نتّحد في الرغبة العامة لنشرك المسلمين معنا في المسيح عندما نباشر الحوار معهم . فالرغبة العامة ستمكّننا من طرح النقاط اللاجوهرية التي يمكن ان نختلف عليها فيما بيننا جانبا . فمن الاختبارات الموءلمة روءية المسيحيين يتنازعون مع بعضهم البعض حول نقاط لاهوتية دقيقة بحضور المسلمين . من المفيد ان تتفقوا فيما بينكم من سيكون المتكلم منكم . سيحترم المسلم ذلك لان من عادته ان يسلم جميع المباحثات لقائده او الشيخ .

عندما نبحث موضوع الكنيسة مع المسلم من الافضل ان نوءكد وحدة جميع المسيحيين في الامور الاساسية التي تتعلق بالايمان والعقيدة . فالمسلم الاعتيادى يرى ان الكاثوليك والروم الارثوذكس والبروتستانت طائفة واحدة . من الممكن ان

تكون له اختبارات سارّة مع كهنة او راهبات او مرسلين عاملين في مستشفى أو مدرسة تخص احدى الارساليات المسيحية في بلاده . لذلك يجب ان تحترم شهادة افراد تلك الطوائف وتحاول ان تبني عليها . اما ان كان له اختبار غير مسرّ مع بعض اولئك فيجب بناء علاقة جديدة من الثقة تمجّد يسوع والكتاب المقدس. في هذا المجال اكّد له ما جاء في سورة المائدة :

" ولتجدنّ أقربهم مودة للذين آمنوا الذين قالوا انا نصارى " .

وفيما يختص بالمسلمين الذين يؤمنون وينضمون لأية كنيسة فان علينا التقيّد بما جاء في صلاة يسوع في انجيل يوحنا ١٧ : ٢٠ ــ ٢١ " ولست اسأل من اجل هؤلاء فقط بل من اجل الذين يؤمنون بي بكلامهم ليكون الجميع واحداً كما انك انت ايها الاب فيّ وانا فيك ليكونوا هم ايضا واحدا فينا ليؤمن العالم انك ارسلتني " .

تشير الدلائل في عصرنا هذا الى ان الله يعمل على توحيد المسيحيين من جميع الطوائف برباط الشركة والعبادة والمحبة . فهناك انتعاشات في بلاد عديدة . والمسلمون يتأثّرون بروح المحبة الصادرة عن تجديد حقيقي ، واولئك الذين يزورون الغرب سيتأثرون اكثر عندما يرون روح المنافسة تزول لتفتح المجال لروح الثقة والوحدة بروح المسيح . وهكذا فان حرارة الشركة التي نشعر بها تجاه بعضنا البعض ستمنحنا القوة للحوار والشهادة للمسلمين .

٢ ــ لماذا يحب المسيحيون اليهود ؟

هذا السؤال مشحون بشعور حادّ بسبب النزاع القائم حاليا حول القضية الفلسطينية . وكثيرون من هؤلاء الذين يسألون هذا السؤال قد فقدوا بيوتهم وارضهم وافراد عائلاتهم نتيجة لهذا الصراع في الشرق الاوسط. ومن المستحيل تجنّب هذا السؤال ان كنت تطلب حوارا مع المسلمين وخاصة ان كانوا من العرب . فاللباقة والحكمة ضروريتان . علينا ان نتذكر ايضا ان اليهودى يأمل دعما كليا لوجهة نظره . ويقف المسيحي في الواقع حائرا بين الطرفين . ولربما كانت هذه خطة الله لنتمكن من ان نكون رسل خير وسلام في عالم مزّقه الحقد والعنف.

يجب ان ابيّن اولا انه من المفروض علينا كمسيحيين ان نحب جميع الناس بما في ذلك اليهود ، اذ قد أوصانا المسيح ان نحبّ حتى اعدائنا (انجيل متى ٥ : ٤٤) . ان اليهود بحسب كتابنا المقدس والقرآن هم شعب عهد الله . يسوع المسيح كان يهوديا . ولكن المسلم قد يردّ على هذا بالقول " لكن اليهود صلبوا مسيحكم (وبذلك يعترف دون انتباه ان المسيح قد صلب) فكيف تستطيع ان تحب أناسا كهؤلاء ؟" وبهذا نصل الى قلب رسالة الانجيل : ان الله محبة ، وقد أرسل يسوع ليموت من اجل اليهود وجميع الناس ليخلّصهم (رسالة بولس الرسول الى اهل رومية ١ : ١٦) . فانا كمسيحي يجب ان احب اليهودى والعربي وجميع الناس. صحيح ان اليهود كانوا من وقت لاخر غير طائعين لعهد الله ، وحتى اليهودي المتديّن

يعترف لك بذلك ، ولكنني كانسان لا يحق لي ان ادين الاخرين لان الله هو وحده الذى يدين ·

درس كثير من المسيحيين الكتاب المقدس منذ الصغر سواء في المدارس الاحدية او الكنائس ، ومن الطبيعي ان يشعروا بشيء من القربى تجاه الشعب اليهودى ، وبرابطة قوية تربطهم بالاراضي المقدسة · بعض المسيحيين يرون في عودة الشعب اليهودي الى الاراضي المقدسة اتماما للنبوات ، وجواب المسلم على ذلك " انني لا اوافق على اضطهاد اليهودي، ولكن لماذا يجب ان تكون عودته على حسابي؟" فيجب عليّ كما ذكرت سابقا ان افسح له في المجال ليعبّر عما في قلبه ويخفّف عن نفسه ·

ان التشهير باليهود الذى نجده بالقرآن كان بسبب رفضهم الايمان بمحمد (ص) كنبيّ في مكة والمدينة · نجد على سبيل المثال في سورة المائدة : " لتجدنّ اشدّ الناس عدواة للذين آمنوا اليهود والذين اشركوا " ·

في سورة المائدة تشهير باليهود والمسيحيين لابتعادهم عن تعاليم كتبهم المقدسة وانبيائهم وتحالفهم بعضهم مع بعض · وقد غيّر محمد (ص) القبلة من القدس الى مكة بسبب ما اعتبره محمد (ص) خيانة من قبل اليهود · كما ان التقليد الاسلامي يتّخذ اسمعيل بدلا من اسحق كابن ابراهيم المحبوب ·

ذكر صديقك المسلم ان السلام لا يمكن ان يتحقّق ما دامت روح الكراهية باقية بين المسلم واليهودى والمسيحي · فالمسامحة مطلوبة ، ولكن لسوء الحظ لا وجود لهذه الروح في المسلم ولا في اليهودى · ان انعدام روح المسامحة يعمّق الكراهية ، ونحن بحاجة الى اعجوبة محبة الله ومسامحته لايقاف تيار الكراهيّة · ذكر صديقك المسلم بقصة الصليب وقول يسوع " يا ابتاه اغفر لهم لانهم لا يعلمون ماذا يفعلون " (انجيل لوقا ٢٣ : ٣٤) · وقد دلّت التجربة على ان المسلمين واليهود يمكنهم ان يتحابّوا ويتسامحوا بعضهم مع بعض عندما تتغيّر قلوبهم بواسطة روح يسوع ·

انه لمن السذاجة ان نتصوّر حلا دائما لمشكلة الشرق الاوسط قبل ان تتغير طبيعة الانسان تغيرا اساسيا · فلا المسلم ولا اليهودى يوءمن بيسوع كمخلص شخصي ورب · وغالبا ما ينسى المسيحيون الذين يتحيّزون لهذا الجانب او ذاك في هذه المشكلة السياسية الدقيقة هذه الحقيقة · وانا مقتنع اقتناعا شخصيا عميقا ان موت يسوع على الصليب وثمار الروح القدس التي نحصل عليها بالايمان بواسطة قوة قيامته وحدها تزوّدنا بالقوة المحركة لهذا التغيير الاساسي في وجهة النظر ·

فالكراهية التي تغلي وتثور من آن لاخر في منطقة الشرق الاوسط تُغرق العالم وتدفع به الى شفير الحرب. فالنزاع بين العرب واليهود يقدّم تحدّيا عظيما للمسيحي ليكون صانع سلام ، ويصلح بين الناس ، لانه عندما يعرف الانسان الجواب ، ويقصّر في مشاركة الاخرين به لا يكون امينا للهدف من الحوار الذى هو اعجوبة المصالحة.

هناك اشياء يستطيع المسيحي ان يفعلها لنتم المصالحة في الشرق الاوسط او في اي مكان آخر. بامكانه ان يدعو صديقه المسلم واليهودى ليشتركا في قضاء الوقت معا في بيته ، ووجود مسيحي عربي معهما يمكن ان يلعب دورا حيويا في مثل هذه المقابلات ، حيث يمكن بحث المواضيع التي تهم الجميع . وتدل التجربة على اننا بحاجة الى سنة او اكثر ، لتهيئة الجو للعربي واليهودى ليتوصلا الى الثقة ببعضهما ، وليتمكنا من ان يشارك احدهما الاخر مشاعره. وجود المسيحي في مثل هذه المقابلات يوفر حاجزا للخصومات التي يمكن ان تثور. على كل حال يمكن اقامة صداقة بواسطة مثل هذه الاجتماعات ، التي تؤثر على العلاقات الاجتماعية والاعمال في المجتمع. ومن المعروف ان محاولات المصالحة لا تفهم دائما من قبل ذوى الاتجاه السياسي. على كل حال يتوجب على رسول المصالحة ان يقوم بهذه المجازفة.

ويمكن ان تحدث مفاجأة ، فتجد المسلمين واليهود احيانا يعملون معا ، يسكنون قرب بعضهم البعض ويشاركون بعضهم بعضا في الافراح.

هناك فترات من التاريخ كانت الحكومات الاسلامية تعامل اليهود بروح التسامح. ولكن عندما بدأت مشكلة النزاع السياسي الكبرى ثارت الخصومات. يستعمل العرب مثلا يثير الضحك ويغيّر الموضوع في المباحثات السياسيّة ، والمثل هو " السياسة تياسة" . هذا المثل يعكس المزاج العام ألا وهو انه لا يمكن التوصل الى حل نهائي لمشاكل الانسان بسبب كثرة اخطائه. المسيحي وحده يعرف سر الانجيل الذى يجب ان يصبح معروفا من خلال الحوار مع المسلم واليهودى. الله وحده يقدر ان يغيّر البشر بواسطة أعجوبة الحوار التي تقود الى المصالحة ، وبامكانه ان يستخدمك كرسول لهذه المصالحة.

الفصل الخامس

ملخص التوجيهات للحوار والشهادة المتبادلة

بين الاديان مع المسلم

من الممكن ان نسأل : ماذا استطيع ان أفعل لأشجّع الحوار والشهادة المتبادلة بين الاديان مع المسلم ؟ فيما يلي بعض التوجيهات العامة التي تساعد في الحديث مع المسلم .

١ ـ من الحكمة ان تعرف عن الديانة والثقافة الاسلامية كل ما يمكنك ان تعرفه . ادرس تاريخ بلد صديقك المسلم . تعلّم عبارات التحية في لغته . زره في بيته وادعُه لزيارتك في بيتك . فالمسلم عادة شخص اجتماعي جدا . هناك كتب ممتازة تعرّفك بالقرآن مثل " سلسلة دروس قرآنية " للكاتب الاستاذ يوسف حداد من المكتبة البولسية في بيروت ، لبنان .

٢ ـ يجب ان يكون لديك نسخة من الكتاب المقدس ونسخة من القرآن . احصل على نسخة من الكتاب المقدس او العهد الجديد باللغة العربية ونسخة من القرآن مع تفسير الجلالين (الامام العلامة جلال الدين بن احمد المحلّي والشيخ المتبحّر جلال الدين عبد الرحمن بن ابي بكر السيوطي) . استعمل كلاً من الكتاب المقدس والقرآن بكل احترام بحضور مسلم .
لا تلقه أبدا على الارض ولا تكتب شيئا على صفحاته .

٣ ـ الحوار محادثة بين شخصين ليصغي كل واحد منهما للاخر ، لذلك افسح في المجال للمسلم ليعبّر عن وجهات نظره . انتبه لمشاعره واستمع لاقواله . دعه يقتبس من القرآن واسأله عن تفسيره الشخصي لا تفسير المعلّق فقط . بعد ذلك بيّن له ما توءمن به انت وما يقوله الكتاب المقدس عن هذا الموضوع . دعه يقرأ اصحاحات كاملة لكي يفهم القرينة . قدّم له نسخة من الكتاب المقدس واقرأه معه عندما تزوره .

٤ ـ ستربح صداقة المسلم عندما تتفق معه على الاشياء المشتركة بينكما كالاعتقاد باله واحد ، وقصة الخليقة والميلاد العذراوي . تجنّب الجدل بقدر الامكان . لا تتفوّه ابدا بملاحظات تحطّ من قدر الاسلام او محمد (ص) او القرآن حتى ولو هاجم هو ايمانك ، فلربما يفعل ذلك ليختبر مدى صبرك ومحبتك . لانه ان قابلت ذلك بالمثل فأنت لست بأفضل منه . شجّعه ليدرس الكتاب المقدس ويصل الى استنتاجاته الخاصة . كن مستعدا لتجيب على اسئلته .
استعمل الكتاب المقدس كمرجع لك .

٥ ـ الافضل ان تتعامل مع مسلمين من نفس الجنس . فالعادات في البلدان

الاسلامية تحدد العلاقات الاجتماعية بين افراد من نفس الجنس. تعلّم مُثُل المسلم الاجتماعية ، ودعه يعرف انك تحترمها.

٦ــ هناك اصطلاحات تضايق المسلم وتزعجه مثل ابن الله ، والرب يسوع والثالوث الاقدس. يستعمل المسلم كلمة "رب" في اغلب الاحيان لله فقط.

استعمل بدلا منها كلمات يعرفها مثل " المسيح" "كلمة الله " "المولود من الروح القدس". وتجنّب المجادلات عن الثالوث الاقدس. صف الروح القدس باصطلاحات شخصية لها معناها بالنسبة لك ، لا بمجادلات ميكانيكية غير واضحة. وتذكر ان المسلم سوف لا يفهم الاصطلاحات الاخرى قبل ان يؤمن ان يسوع قد مات على الصليب من اجله.

٧ــ تذكر ان تصلي من اجله ومعه بخصوصاية مشكلة شخصية. حافظ على ثقته بك ، فلربما كنت واحدا من القليلين الذين يثق بهم. لا تخبر احدا بما يقوله لك دون اذن منه.

٨ــ من الافضل ان تتجنب الاقتباس من القرآن الا بعد ان تقرأ وتدرس الكتاب كله. كمسيحي ينتظر المسلم منك ان تكون مرجعا في الكتاب المقدس لا في القرآن. فالقرآن غالبا ما يتخذ موقفا ايجابيا وآخر سلبيا من نفس الموضوع. اضف الى ذلك ان ارقام الايات تختلف في طبعات القرآن المختلفة ، وهذا يمكن ان يؤدي الى الالتباس. اما اذا اقتبس المسلم من القرآن ، فبامكانك ان تشير الى الايات التي استعملت في هذا الدليل لتذكره ان هناك امكانية اخرى لآيات بديلة للايات التي يستعملها.

٩ــ أخبره بشهادتك الشخصية وماذا يعني المسيح لك بطريقة طبيعية. اشرح له الظروف التي قادتك الى الايمان بالمسيح ، ودعه يعرف كيف غيّر ذلك وجهة نظرك بالنسبة لله والكتاب المقدس والشعوب الاخرى. من المحتمل ان يردّ على ذلك بالقول " انت وُلدت مسيحيا ". هناك اشرح له مفهومك لضرورة الولادة الجديدة والاعتراف بالخطية والخلاص والحياة الابدية من الايات التي تفهم معناها (مثل انجيل يوحنا ١٢:١ــ١٣ و ١:٣ــ١٥ ورسالة بولس الى اهل رومية ٢٣:٣ و ٨:٥ و ٢٣:٦ و ٩:١٠ ــ ١٠ ورسالة بولس الى اهل افسس ٨:٢ ــ ١٠). واثناء ذلك ستكتشف النقاط التي يوافق عليها والتي لا يوافق عليها. تذكر ان مقدرة المسلم لاستيعاب هذه الآراء الجديدة يمكن ان تكون محدودة ، فان هذا يتوقف على المحيط الذى نشأ فيه. لذلك فأنت بحاجة الى الصبر. حاول ان تفهم افكاره واعتراضاته اثناء هذه العملية. المناسبات الطبيعية لهذه المشاركة هي اثناء الاحداث اليومية كالزيارات وتناول وجبات الطعام معا والرحلات كأصدقاء. تذكر ان الله ، لا انت ، هو الذى يهدى القلب. من الممكن ان تهتدى انت ايضا الى مفاهيم جديدة للحقائق الروحية عندما يتحدى ايمانك اثناء الحوار. كما يمكن ايضا ان تكون صداقتك له هي المساهمة القيّمة للحوار والشهادة المتبادلة بين الاديان مع المسلم.

١٠ـ ادعُ صديقك المسلم الى كنيستك في المناسبات الخاصة ، كعيد الميلاد وعيد الفصح. انه سيستمتع بالموسيقى والتمثيليات والاحداث الاجتماعية. وسوف يرغب في معرفة معنى مراسيم العبادة المختلفة. التساؤلات التي تظهر بعد هذه الزيارات ستتيح الفرصة لمتابعة الحوار. ان كنت في منطقة بها مسجد اسأله ان كان ممكنا ان تدخل لترى كيف تجري الصلاة في المسجد. لقد جرت العادة ان يخلع المصلّون أحذيتهم ، فافعل الشيء ذاته عندما تدخل اي مسجد. النساء يصلين في قسم خاص بعيدًا عن نظر الرجال.

الفصل السادس

ماذا يجب ان نفعل بخصوص الاشخاص الذين يصممون على تغيير ايمانهم ؟

أ ــ المسيحي الذى يفكر في اعتناق الاسلام .

الحوار وسيلة اتصال بين شخصين او اكثر . في الحوار بين المسيحي والمسلم يشارك احدهما الاخر في الحقائق التي اختبرها . انه يعني التفتيش عن حلول للخلافات التي تفصل بين الايمانين . وهنا امكانية ان يصمم احد الطرفين على تغيير رأيه بالنسبة لايمانه اثناء الحوار . والحقائق التاريخية تثبت ان بعض المسيحيين او المسلمين قد غيّروا ايمانهم . ولقد اهتمت السلطات في بلد معين من بلدان الشرق الاوسط في السنوات الاخيرة بازدياد عدد المسيحيين الذين يعتنقون الديانة الاسلامية لكي يتزوجوا من مسلمات ، او للحصول على وظائف أفضل . ان هوءلاء الاشخاص حسب رأيهم لا ينكرون ايمانهم عندما يخطون هذه الخطوة ولكنهم انما يتّخذون خطوة ضرورية في هذا الجو المادى ليكتسبوا نمط حياة افضل او ليحققوا رغبات شخصية معيّنة . يمكننا ان نشك في مثل هذه الدوافع ولكن روح المسيح يبعث فينا العطف عليهم .

من الممكن ان تتعرّف على مسيحيّ اعتنق الاسلام لكي يتزوّج فتاة مسلمة . ان من واجبنا التحدّث مع هذا الشخص بمحبة وصبر كما كنا سنتحدّث مع المسلم . ولربما كان فشل الكنيسة في اظهار روح المحبة وتنمية روح الصداقة سببًا في اتخاذهم هذا القرار .

ماذا يجب ان نفعل لهذا المسيحي الذى يظهر استعدادا لان يعرّض ايمانه للشك ويعتنق الاسلام من اجل الزواج ؟ (تستطيع المرأة ان تبقى مسيحية وتتزوج من مسلم ولكن على الرجل ان يعتنق الاسلام ليتزوّج من مسلمة) .

اولا : زوّده بمعلومات كهذه المعلومات الموجودة في هذا الدليل . ثق بالله ليقودهم الى تصميم صحيح . فالاسلام يمكن ان يظهر منطقيا جدا ومُغريا جدا لشخص يحتمل ان يعتنق الاسلام . لذلك حضّر المعلومات عن حياة محمد والقرآن ، والعادات الاجتماعية الاسلامية التي تشكل اساسا افضل لتصميمه او تصميمها ، وأطلعه على الحقائق الروحية المسيحية في مجرى الحديث معه . وأكّد له اهتمامك به ، وصلواتك من اجله ، بِغَضّ النظر عن القرار النهائي الذى سيتخذه .

ثانيا : زوّده بالتشجيع الروحي عن طريق النصح والارشاد والصلاة. ولا بد ان يكون المرء قد مرّ في نفس الاضطراب الفكرى والقلبي كي يفهم ما يعانيه ذلك الشخص اثناء هذه المحنة في حياته. حافظ على صداقتك معهم ، وشجعهم ليداوموا على العبادة والصلاة مع جماعة من المؤمنين المؤيّدة لهم. غالبا ما يشعر الانسان بالتورط في معضلة كهذه عندما يبحث عن الدافع الذى يدفع المسلم الى اعتناق المسيحية ، وبخاصة عندما يكتشف انه الميل الجنسي. فهذا الدافع يضيف تعقيدا غير منتظر وصعوبة في اتخاذ قرار منطقي.

تمسك بالنصيحة الكتابية التي تقول ان الزواج المختلط بين اشخاص يختلفون في العقائد ممنوع منعا باتا (تكوين ٢٤ : ٣ ، ٢٨ : ١ وتثنية ٧ : ٣ ويشوع ٢٣ : ١٢ وعزرا ٩ : ١٢ ونحميا ١٣ : ٢٥). ورغم ان هذا المنع يتعلق بالزواج بين اليهود والشعوب الوثنية ، الا انني اؤمن انه يتضمن عنصرا من التحذير الحكيم الذى يمكن تطبيقه في العلاقة المسيحية الاسلامية في عصرنا هذا. يحذّر بولس الرسول من نتائج الزواج من غير المؤمنين في رسالته الأولى الى كورنثوس الاصحاح السابع ورسالته الثانية الى كورنثوس من ٦ : ١٤ الى ٧ : ١.

يجب تقديم هذه التحذيرات بحنكة وبروح المحبة لئلا تكون النتيجة دفع ذلك الشخص لاتخاذ قرار سريع فيتزوج قبل ان تغيّر الفتاة رأيها او يغيّر هو رأيه.

من افضل الروادع للزواج المختلط نصيحة المسيحيين او المسيحيات الذين تزوجوا من مسلمين او من مسلمات او من ثقافات اخرى تختلف عن ثقافتهم. فمعظمهم قد وجدوا الاتفاق صعبا ، وهم في شوق لتحذير الاخرين من التورط في ورطة مشابهة.

تذكر ان القرار يجب ان يكون قرارهم. واذا تمكنوا من السيطرة على رغباتهم الجسدية فبامكانهم ان يؤثروا تأثيرا ايجابيا على المسلم. ولكن هناك فترة تكون النتيجة اثناءها غير اكيدة. فالصلاة والفهم ضروريان جدا في هذه الحالة.

ماذا يجب ان يكون موقفنا من المسيحي الذى تزوج مسلمة بالرغم من النصيحة والتحذير ؟ هذا العمل قد احدث تغييرات خطيرة في اسلوب حياة المسيحي. يكون أقارب العائلتين مغتاظين. ويمرّ الشخص في فترات من الوحدة والشك. مثل هؤلاء الاشخاص يجب ان يكونوا موضوع خدمة الكنيسة باستمرار. يجب ان ننصحهم بمحبة أزواجهم ، وتربية اولادهم بعناية تامة. يمكن ان يكون هؤلاء الاشخاص نقطة الاتصال بازواجهم واولادهم ليعرفوا المسيح ، لكن يجب الا يتّخذ القرار بالزواج من الاول بالاعتماد على هذا الهدف المشكوك به. فلدى الله طرق غير مألوفة لفتح الابواب للحوار والشهادة المتبادلة بين الاديان حتى بواسطة مسيحيين متزوجين من مسلمين اذا كنا متيقظين لاغتنام الفرص.

ب ــ المسلم الذى يصمم على الايمان بالمسيح .

بعد الاستماع المستمرّ للرسالة المسيحية يزداد عدد المسلمين الذين يبدون رغبتهم ليصبحوا أتباعا للمسيح . انهم يكتشفون ان المسيح وحده هو الذى يملأ فراغ قلوبهم وينشىء في داخلهم علاقة بالله كآب سماوى محبّ . ولكن الكنيسة لسوء الحظ غير مستعدة دائما لقبولهم ورعايتهم . فالمسلم في الشرق الاوسط لا يلقى ترحيبا في الكثير من الكنائس المسيحية بسبب الخوف من الدوافع الكاذبة ، وبسبب العداء السافر للمجتمع الاسلامي . ولكن الله قد بدأ باحياء الكنيسة من جديد ، فأصبح العديد من المجموعات المسيحية يشكّل رابطة وشركة حيوية للمؤمنين من كل الخلفيات . ان هذه الحيوية الروحية تجذب المسلم اليها . كما ان المسيحيين قد بدأوا ينتصرون على خوفهم من الشهادة للمسلم .

يسافر المسلمون الى الغرب للعمل والدراسة فيندهشون من نجاح الكنائس العديدة التي يرونها . وقد اكتشف الامريكيون ان " الحقل التبشيرى " قد انتقل الى جوارهم . انهم يجدون فرصا غير متوقعة للحوار والشهادة المتبادلة بين الاديان مع المسلمين في بلدهم . ويقدر المسيحيون المؤمنون ان يثقوا بالله ليجعل منهم رسل مصالحة . وهو الذى سيزودنا بالقوة للشهادة المتبادلة بين الاديان . وسوف يقرب المسلم من " الذى ينير كل انسان " بواسطتنا (انجيل يوحنا ١ : ٩) .

ماذا نستطيع ان نفعل للمسلم الذى يصمم ان يتبع المسيح ؟

اولا : يجب ان نكون واعين للدوافع المختلفة التي يمكن ان تقوده لهذا التصميم . وينذر ان تكون دوافعنا واضحة تماما عندما نتخذ قرارا هاما في الحياة .

لذلك من الضرورى أن تكون في البداية فترة اختبار للدوافع التي دفعت المسلم لاتخاذ هذا القرار . ويريد هو ايضا ان يعرف ان كانت نواياك نقيّة ، فانه اذا اكتشف انك ستلجأ لاغرائه بالمال او اى اغراء آخر لتجعل منه مسيحيا فانه سيفقد احترامه لك . وبينما نحن نختبر الدوافع علينا ان نتذكر ان المسلم ربح شيئا قليلا الا انه سيتعرض للخسارة عندما يقرّر ان يتبع يسوع . اما اذا اكتشف انك مخلص بثقتك بالمسيح فسيصبح اكثر ثقة بك وبايمانك لترعاه روحيا .

ثانيا : يحتاج المسلم ان يعرف انه يستطيع ان يثق بك ، لذلك حافظ على ثقته بك . لا تبح بما قاله لك في السرّ ، لا لزوجتك ولا لزوجك ، الا اذا اذن لك بذلك . عدم الثقة والشك يشكّلان قسما مكمّلا لدافع الخوف الذى يسيطر على المجتمع الاسلامي . عرّفه على مؤمنين يستطيع ان يثق بهم ليحافظوا على ثقته . اترك له زمام المبادرة في تقديمه الشهادة للآخرين عن ايمانه بالمسيح ، وتذكّر انه من الممكن ان يخسر عائلته ووظيفته وحتى حياته ان كنا متهوّرين في الاعلان عن ايمانه الجديد .

ثالثا : يصبح المسلم الذى يقبل المسيح بحاجة لدراسة شخصية للكتاب المقدس. بامكانك ان تكون مشجعا حقيقيا له عندما تكون مرجعا لاسئلته العديدة عندما يبدأ بدراسة الكتاب المقدس. أطلعه على اختباراتك الشخصية عندما تدرسان معا الاصحاحات الغنية بمعناها. ان الموعظة على الجبل (انجيل متى الاصحاحات ٥ و ٦ و ٧) وانجيل يوحنا والرسالة الى العبرانيين تحتوى جميعها مواد ممتازة للرجوع اليها. وسيتأثر المسلم كثيرا بالمواد الروءيوية مثل سفر حزقيال وسفر دانيال وانجيل متى الاصحاح ٢٤ وروءيا يوحنا. ان هذه جميعها تشبه القران في محتوياتها واسلوبها. كما ستجذبه رسالة يعقوب بما تتضمنه من انذارات. وسيتأثر بأمثال ملكوت السموات التي في الاناجيل. وان نهضة الكنيسة وقوّتها للشهادة في سفر اعمال الرسل ستشجعه عندما يبتدئ عمل الروح القدس في حياته. سيجد تعزية في المزامير عندما يواجه الاضطهاد والعداء. الكتاب المقدس مرجعك. ربما يحتاج الى نسخة بلغته الخاصة. انه سيقدّر استعدادك للاجابة عن اسئلته واستمرارك في الاهتمام بمصلحته.

رابعا : اهتم كصديق بمعرفة وضع عائلته او عائلتها. شجّعه ليشهد بتعقل لعائلته ويطلعهم على اكتشافاته الجديدة التي اكتشفها في الكتاب المقدس. زره في بيته وتصادق مع افراد عائلته ان رأى ذلك مناسبا. فانه سيرغب في اشراك عائلته معه في الايمان الجديد. ان لهذا اهمية قصوى لكي لا يجد نفسه معزولا عن عائلته وثقافته.

يوافق المسلمون في اماكن عديدة في العالم وفي امريكا ايضا ان يتلقى ابناوءهم التدريب المسيحي في الكتاب المقدس. فهم يحترمون مساهمة الكتاب المقدس في الناحية الاخلاقية ويستحسنون جو المدارس المسيحية الصحي.

خامسا : صلّ معه ومن اجله في كل مناسبة. علّمه كيف يصلي مستخدما الصلاة الربانية كنموذج للصلاة.

كن حساسا لاحواله ومزاجه. يحصل المسلم في بعض الاحيان على بصيرة بواسطة الاحلام والروءى. سيطلب منك ان تساعده على تفسيرها ، فيتوجب عليك ان تستعمل الكتاب المقدس كأساس لأي تفسير. تتضمن الديانة الاسلامية عناصر غامضة من الوثنية التي كانت سائدة في شبه جزيرة العرب قبل الاسلام. تعلّم ان تهتم بما يقوله الكتاب المقدس عن عالم الارواح عندما تتبادل الاراء مع المسلم. فهذه الظواهر حقائق بالنسبة له. شجّعه ليقبل انتصار المسيح على قوى الشر اثناء حياته. ويمكن تحقيق ذلك بواسطة الصلاة والاعتراف بالخطية والشركة مع المسيحيين الموءمنين الناضجين.

سادسا : شجّعه ليصبح عضوا في كنيسة مسيحية تعتني بنموّه الروحي. ربما

يتطلب ذلك ان تشجع المؤمنين الاخرين ليقبلوا المسلم فيما بعد بينهم . من المؤكد انه سيكون حساسا لقبولهم او تردّدهم . ولربما من الافضل ان يبدأ بالانضمام الى احد اجتماعات الصلاة او اجتماعات درس الكتاب المقدس حيث يلقى قبولا دون أى صعوبة. وان كان هناك مسلمون آخرون يبدون رغبة في اتباع المسيح فيمكن تشجيعهم لاقامة اجتماع خاص بهم للدرس والصلاة. تظهر التجارب في البلاد الاسلامية ان اغلب المسلمين لا يشعرون بالراحة في الكنائس المسيحية الغربية ، وانهم يفضلون ان ينضموا الى جماعات اخرى من المؤمنين المسلمين الذين يشاركونهم في اسلوب حياتهم واسلوب تفكيرهم .

واخيرا دع صديقك المسلم يتخذ قراره الخاص بالنسبة للمعمودية. انه سيكتشف لنفسه تعليم المسيح عن المعمودية اثناء دراسته للكتاب المقدس. يمكن ان ينتج عن المعمودية العلنية والاعتراف بالايمان اضطهاد شديد في بعض بلدان الشرق الاوسط ، فيصبح المسلم مهددا بخسران عائلته ووظيفته وحتى حياته. قد يطلب البعض ان تُجرى معموديتهم سراً . وهذا يعني عادة الا يحضر المعمودية الا من يثق بهم هذا المؤمن الذى يريد ان يعتمد أو من كان لهم تأثير في حياته الروحية . اذا كان المسلم قد حصل على اختبار فعلي بالايمان بالمسيح وكانت حياته تدل على التغيير الذى يحدثه يسوع في الحياة فيجب احترام طلبه واجراء المعمودية له. لقد اعتمد وزير الحبشة في بلد اجنبي وكان فيلبس الشاهد الوحيد على ذلك كما نعلم من سفر اعمال الرسل (٨:٢٦ – ٤٠) ويجب ان نتأكد من وجود جماعة من المؤمنين الموثوق بهم ، الذى يمكن ان يكون للذى يعتمد شركة معهم . هذه ليست مشكلة في امريكا حيث تسود الديانة المسيحية. فعائلات باكملها قد انضمت للكنائس بواسطة المعمودية في الغرب. على كل حال ليست المعمودية سوى الخطوة الهامّة الاولى في حياة النمو المسيحي ، فالمسلم بحاجة الى شركتنا ومعاضدتنا بعد المعمودية كي ينظّم حياته بطريقة تتناسب مع التغيير في اسلوب الحياة الجديدة. كثيرون ضعفوا وعادوا الى الاسلام او فقدوا اهتمامهم بالدين عندما لم يستمر نموهم الروحي .

ان احياء التأكيد على خدمة الروح القدس في حياة المؤمن هذه الايام يضيف نشاطا روحيا في الكنائس ، ومن المهم ان نُشعر المسلم بوحدة الروح القدس بين الكنائس المختلفة لان الشركة التي تنتج من هذه الوحدة ستهيّئ الجو لاستمرار النمو الروحي في حياته .

تتوفر الفرص العديدة للمسيحي ليخبر الاخرين عن ايمانه في كل انحاء العالم . ان بلداننا عبارة عن مجتمعات عالمية ، والمسلمون كشعوب مختلفة يكوّنون قسطا حيويا من هذا المشهد العالمي في حرم الجامعات وفي اماكن العمل وفي المجتمع . والمسلم المتحرر الذى يعيش في مجتمع مادي لا يكتفي بالاستماع الى خطاب من جانب واحد يقول له المسيحي فيه ما يجب ان يؤمن به . لكنه قد يحب ان يدخل في حوار . ففي الحوار يشترك المسلم والمسيحي الواحد مع الاخر في تبادل الشهادة في جو من الصداقة . فالمسلم يعبّر عن ايمانه ، وينتظر منك ان تخبره عن ايمانك .

الحوار خدمة مصالحة ومحاولة لايصال الحقيقة . يمكن التغلب على عوائق الاتصال بواسطة الاصغاء لاعتراضات المسلم ، وصياغة معتقداتنا باصطلاحات مفهومة لدى المسلم . يجب ان يكون القرآن والكتاب المرجعين الوحيدين للحوار .

الحوار يعرّض الانسان لمخاطر يمكن ان يتورط فيها نتيجة لانفتاحه على ايمان آخر .

يجب ان نتعامل بعطف مع أي مسيحي تأثر بالاسلام ويحب اعتناقه . ان علينا ان نقدّم لمثل هذا النصيحة بحكمة . اما المسلم الذى يؤمن ويحب ان يصير تابعا للمسيح فيجب رعايته بصداقة ومحبة . ان وحدة الروح القدس ضرورية بين الافراد والطوائف التي تشترك في الحوار مع المسلمين لان هذه الوحدة توجد الشركة التي تمكن المسلم من النمو في فهمه للمسيح .

الحوار ليس عمل من هو ضعيف الايمان ، ولكنه عمل اولئك الاقوياء الذين يتمثلون ببولس الرسول القائل : " صرت للكل كل شيء لاخلّص على كل حال قوما " (رسالة بولس الرسول الاولى الى اهل كورنثوس ٩ : ٢٢) .

الحوار دعوة لنكون رسل المصالحة بين معتنقي ايمانين يعارضون بعضهم بعضا وهم يدّعون عبادة الاله ذاته . وهذا يقودنا بالطبع الى الشهادة بين الاديان ، وهذه بدورها ستوفر الصداقة مع المسلم وهذه الصداقة لن تذهب سدى . الحوار يتحدانا لنؤمن بالله الذى غيّرنا ، وهذا هو التأكيد الوحيد الذى نحن بحاجة اليه .